STARK

William Shakespeare

Othello

INTERPRETATION

von RAINER JACOB

© 2018 Stark Verlag GmbH
www.stark-verlag.de

Inhalt

Autor: Rainer Jacob

Vorwort

Liebe Schülerinnen, liebe Schüler,

der vorliegende Band soll Sie bei der Arbeit mit *Othello*, einer der berühmtesten Tragödien William Shakespeares, unterstützen. Der erste Teil bietet eine **Biografie** Shakespeares sowie wichtiges **Hintergrundwissen** über die politisch-gesellschaftlichen Verhältnisse und das Theater dieser Zeit.

Eine Übersicht über die Szenenfolge und eine **ausführliche Inhaltsangabe** schaffen die solide Grundlage für das Verständnis des Handlungsgangs und eine angemessene Interpretation.

Das Kapitel „**Textanalyse und Interpretation**" veranschaulicht die Personenkonstellation und enthält die Charakterisierungen der wichtigsten Handlungsträger. Auch Form und Aufbau des Dramas werden beschrieben und erklärt. Unter „Zentrale Themen und Motive" erhalten Sie eine detaillierte Darstellung der wichtigsten Aussagen des Stückes. Der Abschnitt „Sprache und Symbolik" erleichtert den Zugang zu Shakespeares Werk. Die **Interpretation von drei Schlüsselstellen** zeigt die Bedeutung wichtiger Gelenkstellen im Handlungsablauf. Damit Sie sich konkret auf Klausuren vorbereiten und sich entsprechenden Wortschatz direkt aneignen können, ist dieser Teil („**Exam study**") auf Englisch abgefasst.

Abschließend erhalten Sie einen Überblick über die **Rezeptionsgeschichte** sowie Hinweise auf wichtige Sekundärliteratur.

Viel Freude bei der Erarbeitung des Dramas und viel Erfolg bei der Vorbereitung auf Prüfungen und Klausuren!

Rainer Jacob

Einführung

Othello, The Moor of Venice gehört zu den am meisten gespielten Stücken William Shakespeares, des größten englischen Dichters der Renaissance. Der herausgehobene Status dieses Autors wird insbesondere damit begründet, dass seine Stücke trotz ihres Alters von über 400 Jahren noch immer große Relevanz besitzen. Die Tragödie Othello kann in diesem Sinne als beispielhaft gelten: Es geht nicht um Staatsaffären, die Geschichte des englischen Königshauses oder existenzielle Lebensfragen, sondern um individuelle menschliche Antriebe und das persönliche Schicksal zweier Verliebter. Der tragische Untergang dieses Liebespaares, das aus verschiedenen Ethnien und sozialen Schichten stammt, steht im Mittelpunkt dieses sehr intimen Shakespeare-Dramas. Der dunkelhäutige General Othello hat heimlich die schöne Desdemona, Tochter eines venezianischen Senators, zur Ehefrau genommen. Die Entfremdung der beiden, die mit einer Katastrophe, nämlich der Ermordung der jungen Ehefrau durch den eigenen Mann, endet, wird durch den Intriganten Iago herbeigeführt. Dieser zählt neben Macbeth und Richard III. zu den übelsten Schurken, die Shakespeare auf die Bühne gebracht hat. Somit vereint Othello die Darstellung eines der interessantesten Bösewichte der Literaturgeschichte mit der des Protagonisten Othello, der häufig als der romantischste und tragischste unter Shakespeares Helden bezeichnet wird. Die außerordentliche Wirkung des Schauspiels auf den Zuschauer, die sich in jeder neuen Inszenierung wieder bestätigt, beruht auf der tiefen Anteilnahme, die man dem unglücklichen Schicksal der beiden Liebenden entgegenbringt, sowie auf dem Abscheu, gleichzeitig aber auch der widerwilligen Bewunderung, die man

Iagos perfekt inszenierter Intrige gegenüber empfindet. Zudem sind Liebe und Eifersucht, Toleranz und Rassismus zeitlose Themen, mit denen auch heutige Zuschauer sich identifizieren können. Das Stück scheint somit mit jeder Aufführung und jeder Lektüre neue Deutungsmöglichkeiten zu eröffnen. Gerade die immer wieder diskutierte und umstrittene Motivation hinter Iagos Intrigen wird sicher auch in Zukunft die Leser und Zuschauer beschäftigen und fesseln. Daher nimmt dieses Schauspiel trotz aller sprachlichen Herausforderungen zu Recht immer noch einen Spitzenplatz in den Spielplänen der Bühnen in aller Welt ein und inspiriert, fasziniert und bewegt sein Publikum stets aufs Neue.

Biografie und Zeit der Entstehung

Biografie

Trotz seiner weltweiten Berühmtheit bleibt vieles aus William Shakespeares Leben Spekulation und lässt sich aus heutiger Sicht nicht zweifelsfrei nachprüfen. Als erwiesen gilt jedoch, dass sein Leben sich vorwiegend an zwei Orten abspielte: in Stratford-upon-Avon, in der Grafschaft Warwickshire gelegen, wo er geboren wurde und starb, sowie in London, wo er als Schauspieler,

erfolgreicher Autor und Theaterunternehmer arbeitete. William Shakespeare kam nach heutiger Festlegung am 23. April 1564 als Sohn des wohlhabenden Handschuhmachers John Shakespeare und dessen Frau Mary in Stratford zur Welt. Sein tatsächliches Geburtsdatum ist unbekannt. Da jedoch feststeht, dass er am 26. April 1564 getauft wurde, leitete man daraus den 23. April als möglichen Tag seiner Geburt ab. Shakespeare erhielt wohl eine gute Schulbildung an der lokalen „grammar school", welche auch Griechisch- und Lateinunterricht einschloss. Über den Besuch einer Universität oder anderer Bildungsstätten gibt es jedoch keine Überlieferungen. Im November 1582 heiratete der Achtzehnjährige die acht Jahre ältere Anne Hathaway. Mit ihr hatte er drei Kinder: Tochter Susanna, die sechs Monate nach der Eheschließung geboren wurde, und die Zwillinge Hamnet und Judith, die 1585 zur Welt kamen.

Für die folgenden Jahre 1585 bis 1592 existieren keine Dokumente, die verlässlich Auskunft über sein Leben geben würden. Man bezeichnet diese Zeit als „the lost years". Sicher ist, dass er im Jahr 1592 als Schauspieler und Dramenautor in der Metropole London tätig war. Knapp zwanzig Jahre lang arbeitete er dort als erfolgreicher Autor, Schauspieler und Teilhaber an der Truppe „Lord Chamberlain's Men", die sich ab 1603, nach der Thronbesteigung von James I., „The King's Men" nannte. Um 1611 kehrte Shakespeare nach Stratford zurück, wo er am 23. April 1616 starb.

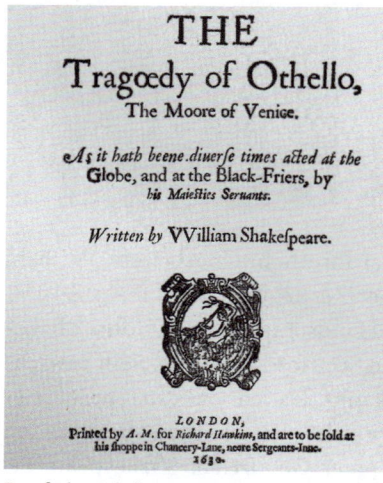

Eine frühe *Othello*-Ausgabe aus dem Jahr 1630

Shakespeare war ein äußerst produktiver und vielfältiger Autor: Er verfasste 37 Bühnenstücke, die **Komödien**, **Tragödien**, **Geschichtsdramen**, **Romanzen** und **poetische Dramen** umfassen. Daneben schrieb er seine weltberühmten **Sonette**, die einen Meilenstein in der Lyrik darstellen. Die Entstehung von *Othello* wird auf das Jahr 1603 datiert und fällt somit in die Zeit, in der Shakespeare auch seine anderen großen Tragödien wie *Hamlet* (um 1601), *King Lear* (um 1605) und *Macbeth* (um 1606) verfasste. An eine Veröffentlichung der Theaterstücke Shakespeares war zunächst nicht gedacht – schon aus Konkurrenzgründen nicht. Mehrere Theatergruppen buhlten nämlich um die Gunst des Londoner Publikums, und wer die besten Stücke hatte, hatte auch die meisten Zuschauer. Wenn ein Stück Shakespeares zum Publikumserfolg wurde, schickten Verleger oder rivalisierende Theaterkompanien Schauspieler als Zuschauer ins Theater, die dann nach dem Besuch aus der Erinnerung die Dialoge niederschrieben. So entstanden die ersten Raubdrucke. Auch *Othello* wurde erst im Jahr 1622 erstmals offiziell im sogenannten „First Quarto" und ein Jahr später in einer Sammelausgabe von Shakespeares Werken, dem „First Folio", veröffentlicht.

Shakespeares *Othello* basiert auf der Novelle „Un Capitano Moro" des italienischen Dichters Giovanni Battista Giraldi, genannt Cinthio (1504–1573), die Shakespeare in einer italienischen oder französischen Fassung gekannt haben könnte. Allerdings hat er gegenüber dem Original wesentliche Veränderungen an den Motiven und Handlungssträngen vorgenommen. So ist zum Beispiel in der italienischen Vorlage der Fähnrich Iago in Desdemona verliebt, was seinen Intrigen eine andere Motivation verleiht. Andere Episoden dagegen sind bei Shakespeare sehr ähnlich gestaltet wie in Cinthios Vorlage, zum Beispiel die Szene, in der Iago Othello von Desdemonas Ehebruch überzeugt.

Die Vielfalt seiner Werke, die zudem ein reichhaltiges Vokabular aufweisen und von Wissen über Grammatik, Medizin, Poesie, Philosophie und Astronomie zeugen, hat in der Forschung die Frage aufgeworfen, ob ein vermeintlich einfacher Mensch aus der Provinz solche genialen Stücke geschrieben haben kann. Es wurde spekuliert, ob sich nicht hinter dem Namen „William Shakespeare" eine oder mehrere gebildete oder adelige Personen verbargen. Heute sind solche Spekulationen wieder eher in den Hintergrund getreten und Literaturwissenschaftler gehen davon aus, dass Shakespeare aufgrund seiner soliden Bildung durchaus in der Lage war, seine Werke in der vorliegenden Form zu verfassen.

Zeit der Entstehung

Shakespeare lebte zur Zeit der Renaissance, an der Schwelle zwischen Spätmittelalter und Früher Neuzeit. In der zweiten Hälfte des 16. Jahrhunderts begann für England ein glorreiches Zeitalter, das von Königin Elizabeth I. (1558–1603) geprägt wurde und auch deren Namen trägt: **das Elisabethanische Zeitalter**. Es war eine Periode der Entdeckungen, Eroberungen und des wirtschaftlichen Aufschwungs.

Queen Elizabeth I. (1558–1603)

Doch nicht nur die politischen und wirtschaftlichen Erfolge machten das Elisabethanische Zeitalter zu einer goldenen Ära, es war auch eine Periode außerordentlicher kultureller Blüte. Sowohl Königin Elizabeth I. als auch ihr Nachfolger James I. (1603–1625) waren große Theaterliebhaber. So schaffte es Shakespeares Truppe auch, vom König selbst Unterstützung zu bekommen, was sich in ihrem Namen „The King's Men" widerspiegelt. Da das gesellschaftliche Ansehen von Schauspielern zu jener Zeit nicht besonders hoch war und man mit einer strengen Zensur zu kämpfen hatte, suchten viele Truppen den Schutz einer hohen adeligen Persönlichkeit, deren Namen sie dann führten.

Shakespeare und seine Partner waren mit ihren Stücken so erfolgreich, dass sie 1599 ein eigenes Gebäude, das **Globe Theatre**, eröffnen konnten. Auf Anordnung der Stadt wurde es außerhalb der Stadtmauern auf der South Bank, der Südseite der Themse, errichtet. Da das Gebäude 1613 einem Brand zum Opfer fiel, kann man sein genaues Aussehen heute nur ansatzweise rekonstruieren, was 1997 in London mit dem Neubau des „Shakespeare's Globe" versucht wurde. Heute kann man also an fast der gleichen Stelle, wo vor etwa 400 Jahren Shakespeares Truppe *Othello* und andere Werke des „Barden vom Avon" aufführte, wieder in authentischer Atmosphäre Theater genießen. Das Theater zu Shakespeares Zeiten war ein achteckiger oben offener Rundbau aus Holz, in dessen Innenhof sich die Bühne und der Zuschauerraum befanden. Es bot Platz für bis zu 3 000 Zuschauer. Die Adligen und besser verdienenden Bürger hatten Sitzplätze auf einer von drei umlaufenden Galerien („**tiers**"), während das einfache Volk stand, das man daher auch als „**groundlings**" bezeichnete. Die Bühne selbst war eine in Schulterhöhe in den Zuschauerraum („**pit**") hineinragende Plattform, die an drei Seiten von Zuschauern umgeben war („**apron stage**"). Kulissen gab es bei den Elisabethanern keine. Ein Thronsessel auf der Bühne genügte als Information, dass die Szene im Königspalast spielte. Weil es keine gemalte Bühnendekoration gab und weil am helllichten Tag gespielt wurde, musste das gesamte Bühnenbild allein durch Worte geschaffen werden.

Wenn Montano zu Beginn des zweiten Aktes in *Othello* fragt, "What from the cape can you discern at sea?" (II, 1, 1[1]), ist für Shakespeares Zuschauer klar, dass die Szene im Hafen spielt. Alle Rollen wurden von Männern oder Knaben gespielt, Frauen waren auf der Bühne nicht erlaubt.[2] Auch der erste Othello war keinesfalls rein äußerlich prädestiniert für die Rolle des „Mohren": Es war Richard Burbage, einer der ersten Theaterstars, der mehr durch sein Spiel und durch Shakespeares eindringliche Worte als durch wirkliche ethnische Unterschiede einen Eindruck von Andersartigkeit vermitteln musste. Aus heutiger Quellenlage können wir nicht mehr sicher sagen, ob der Schauspieler sein Gesicht außerdem schwarz angemalt hatte („blackfacing"). Auch ansonsten unterschied sich die Atmosphäre in einem elisabethanischen Theater stark von unserer heutigen Vorstellung von Kunstgenuss. Von Stille im Zuschauerraum konnte keine Rede sein: Die Handlung wurde oft lautstark kommentiert, es wurde gegessen, getrunken und diskutiert.

Darstellung einer Theateraufführung zu Shakespeares Zeiten

Da Shakespeare nicht nur Künstler, sondern auch Geschäftsmann war, wollte er den finanziellen Erfolg. Er musste also zugkräftige Stücke liefern. Aktuelle Probleme seiner Zeit, wie z. B. die Pest, Konflikte zwischen Protestanten und Katholiken, das Verhältnis zu Irland oder die Frage der Thronfolge, spielten in Shakespeares Stücken keine Rolle. Stattdessen entführte er sein Publikum in exotische Länder, erzeugte Abscheu und Grusel durch Schurken wie Iago, schürte Emotionen durch tragische Liebesgeschichten oder brachte die Zuschauer zum Lachen.

Inhaltsangabe

Das Drama umfasst fünf Akte, von denen der erste im Stadtstaat Venedig, die Akte II bis V auf Zypern spielen. Die Handlung ereignet sich im späten 16. Jahrhundert, als Venedig eine starke See- und Handelsmacht mit zahlreichen Besitzungen im Mittelmeerraum war, zu denen auch die Insel Zypern gehörte, bis sie schließlich im Jahr 1571 von den Osmanen erobert wurde.
Den Inhalt des Dramas fasst auch unser Video noch einmal in aller Kürze zusammen.

Übersicht über die Szenenfolge

Akt I	Szene 1	Iago und Roderigo informieren Brabantio über Desdemonas heimliche Heirat mit Othello und ihre Flucht; Brabantio reagiert wütend und will die beiden aufsuchen	Venedig
	Szene 2	Konfrontation zwischen Brabantio und Othello	
	Szene 3	Doge schlichtet den Streit zwischen Brabantio und Othello; Othello wird nach Zypern abkommandiert; auch Desdemona, Iago, Emilia, Cassio und Roderigo brechen nach Zypern auf	
Akt II	Szene 1	Ankunft auf Zypern; Krieg gegen die Türken durch Sinken ihrer Schiffe vorerst beendet; Iago schmiedet seinen Racheplan gegen Othello und Cassio	Zypern
	Szene 2	Feier des Triumphs über die Türken und der Hochzeit von Desdemona und Othello	
	Szene 3	Iago macht Cassio betrunken; nach einem inszenierten Streit verliert Cassio seine Stellung als Othellos Leutnant	

Akt III	Szene 1	Iago empfiehlt Cassio, Desdemona auf seine Seite zu bringen; Cassio bittet Emilia um Treffen mit Desdemona	**Zypern**
	Szene 2	Othello muss die Festung inspizieren	
	Szene 3	Cassio bittet Desdemona, sich bei Othello für ihn einzusetzen; Iago schürt Othellos Misstrauen gegenüber Cassio und Desdemona; Desdemona verliert das Taschentuch, das Othello ihr geschenkt hat; Emilia übergibt es an Iago; Othello und Iago, der zu dessen Leutnant ernannt wird, schwören Rache an den angeblichen Ehebrechern Cassio und Desdemona	
	Szene 4	Othello will Desdemonas Taschentuch sehen; Cassio übergibt das Taschentuch, das er in seinem Zimmer gefunden hat, an Bianca	
Akt IV	Szene 1	Othello beobachtet Scheingeständnis von Cassio, der eigentlich über Bianca, nicht über Desdemona, abfällig spricht, und sieht das Taschentuch bei Bianca; Othello schlägt Desdemona vor Lodovicos Augen	
	Szene 2	Othello ist wütend auf Desdemona; Iago stiftet Roderigo an, Cassio zu töten	
	Szene 3	Desdemona und Emilia sprechen über das Verhältnis der Geschlechter zueinander; Lied von der Weide	
Akt V	Szene 1	Roderigo schafft es nicht, Iagos Plan auszuführen und Cassio zu töten; Iago verwundet Cassio und ersticht Roderigo	
	Szene 2	Othello erstickt Desdemona; Emilia deckt Iagos Intrige auf und wird von Iago erstochen; Othello begeht Selbstmord; Iago soll bestraft werden	

Akt I, Szene 1

Das Stück beginnt mit einem Gespräch zwischen Roderigo, einem jungen reichen Venezianer, und Iago, dem Fähnrich des dunkelhäutigen Feldherrn Othello, auf einer Straße in Venedig. Roderigo ist in Desdemona, die Tochter des venezianischen Senators Brabantio, verliebt. Er hat Iago reichlich Geld gegeben, um bei der heimlich Angebeteten für ihn zu werben – jedoch bisher ohne Erfolg und nun erfährt Roderigo auch noch von Othello und Desdemonas heimlicher Heirat. Iago versichert Roderigo, dass auch er Othello hasse und sich an ihm rächen wolle, weil dieser ihn nicht zum Leutnant befördert hat. Stattdessen hat er dem Florentiner Cassio den Vorzug gegeben, den Iago verächtlich als Theoretiker, „great arithmetician" (I, 1, 19) und „Rechentafelschieber" („counter-caster"; I, 1, 31) bezeichnet, der keinerlei Erfahrung in der Kriegsführung besitzt. Um die Zahl der Feinde Othellos zu vermehren, stachelt Iago Roderigo an, Brabantio, den Vater Desdemonas, gegen den „Mohren" aufzuhetzen.

Sie begeben sich zum Haus des Senators und wecken ihn mit der Schreckensnachricht, seine Tochter sei verschwunden und mit Othello durchgebrannt. Während der aufgebrachte Brabantio im Haus vergeblich nach seiner Tochter sucht, verlässt Iago die Szene. Daraufhin bittet Brabantio Roderigo, ihm und seinen Dienern bei der Fahndung nach den beiden Flüchtigen zu helfen und sie zu stellen.

Akt I, Szene 2

Vor einem Gasthaus unterhält sich Iago mit Othello, der ihm die Heirat mit Desdemona bestätigt. Iago warnt seinen Herrn, sich vor Brabantio in Acht zu nehmen, der aufgrund seines Ansehens und Einflusses die Trennung des Liebespaares erzwingen könnte. Doch Othello bleibt gelassen im Vertrauen auf die Verdienste, die er sich um Venedig erworben hat.

Offiziere mit Fackeln nähern sich. Entgegen der ersten Vermutung Iagos, es handele sich um Brabantio und sein Gefolge, sind es Michael Cassio und Diener des Dogen, des Oberhaupts der Republik, der Othello in dringender Angelegenheit zu sich beordert. Eine zweite Gruppe erscheint, angeführt von Roderigo und dem wütenden Brabantio, der Othello beschuldigt, ihm seine Tochter durch Magie entfremdet zu haben. Als er erfährt, Othello sei auf dem Weg zum Dogen, schließt Brabantio sich an, um diesem seine Klage direkt vorzutragen.

Akt I, Szene 3

Im Ratssaal erörtern der Doge und die Senatoren widersprüchliche Meldungen über türkische Flottenbewegungen. Man ist sich schließlich einig, dass die Türken eine Invasion Zyperns planen.

Brabantio, Othello und ihr Gefolge treten auf und Brabantio wiederholt seine Beschuldigung, Othello habe Desdemona durch Zauberkünste verführt und mit Gewalt entführt. Dem setzt Othello entgegen, Desdemonas Liebe zu ihm habe sich entwickelt, während er ihr sein abenteuerliches Leben erzählt habe. Sie liebe ihn wegen der Gefahren, die er überstanden habe, und er liebe sie, weil sie von seinem Bericht so gerührt gewesen sei. Die herbeigerufene Desdemona bestätigt Othellos Aussage. Sie bekennt sich zu den Pflichten einer Tochter gegenüber ihrem Vater, bewertet jedoch ihr Pflichtgefühl gegenüber ihrem Ehemann höher:

I do perceive here a divided duty:/[...] but here's my husband:/And so much duty as my mother show'd/To you [...]/ So much I challenge, that I may profess,/Due to the Moor my lord (I, 3, 181–189).

Diese Aussage muss Brabantio widerwillig akzeptieren und für den Dogen ist der Fall damit entschieden.

Es gilt nun, die von den Türken ausgehende Gefahr abzuwenden. Der erfahrene Othello wird beauftragt, nach Zypern zu reisen, um die Insel gegen die anrückende türkische Streitmacht zu verteidigen. Desdemona erhält die Erlaubnis, ihren Ehemann zu begleiten. Othello bittet Iago, sich mit seiner Frau Emilia um Desdemona zu kümmern.

Alle Personen gehen ab, zurück bleiben Iago und Roderigo. Der junge Venezianer ist völlig verzweifelt angesichts der Entwicklung und sieht alle Hoffnung auf Desdemona schwinden. Da er glaubt, sein Vernarrtsein in Desdemona nicht beherrschen zu können, ist er entschlossen, seinem Leben ein Ende zu setzen und sich zu ertränken. Iago gelingt es, ihn davon abzubringen. Nach Roderigos Abgang spricht Iago von seinem Plan, dem arglosen Othello einzureden, Desdemona betrüge ihn mit Cassio.

Akt II, Szene 1

Am Hafen auf Zypern beobachten der Gouverneur Montano und zwei weitere Adlige einen ungeheuren Sturm auf See. Die tobenden Wogen haben zum Glück für die Insel die unmittelbare Gefahr abgewehrt, da die türkische Flotte zerschmettert wurde, wie ein dritter Herr berichtet.

Leutnant Michael Cassios sichere Ankunft im Hafen wird gemeldet, doch sorgt sich Montano um Othellos Schiff und dessen Sicherheit. Als Nächstes landet ein Schiff mit Iago, Emilia, Desdemona und Roderigo an Bord. Während die Gruppe immer noch auf Othellos Ankunft wartet, verbreitet Iago seine wenig schmeichelhafte Einschätzung der Frauen ("You rise to play, and go to bed to work"; II, 1, 115), woraufhin es zum Schlagabtausch zwischen ihm und Desdemona kommt. Cassio dagegen begegnet Desdemona mit ausgesuchter Höflichkeit, was Iago dazu veranlasst, in einer zur Seite gesprochenen Bemerkung ("Aside") dem Zuschauer erneut seinen heimtückischen Plan zu offenbaren: Cassios Freundlichkeit will er benutzen, um Zwietracht zwischen Othello und Desdemona zu säen.

Als Othello schließlich unversehrt eintrifft, begrüßt er Desdemona liebevoll und bittet anschließend alle zu einer Feier ins Schloss, da die Gefahr durch die Türken nun nicht mehr besteht.

Iago redet Roderigo ein, Desdemona werde wohl bald ihres Mannes überdrüssig sein und sich Cassio zuwenden. Roderigo zweifelt an Desdemonas Untreue, dennoch übernimmt er willig eine Rolle in Iagos Plan, den möglichen Nebenbuhler aus dem Weg zu räumen. Der leicht aufbrausende Cassio soll zu einer unüberlegten Handlung provoziert werden, die ihn schließlich seine Stellung kosten wird.

In Iagos abschließendem Monolog wird ein weiteres mögliches Motiv für seine Intrige angedeutet: So verdächtigt Iago Othello, mit seiner Frau geschlafen zu haben, und will dafür Rache.

Akt II, Szene 2

Ein Herold trägt Othellos Einladung vor, den Untergang der türkischen Flotte und seine Vermählung mit Desdemona zu feiern.

Akt II, Szene 3

Bei der Festveranstaltung im Schloss beauftragt Othello seinen Leutnant Cassio mit der Wache und mahnt ihn zur Mäßigung, bevor er sich mit Desdemona zurückzieht. Michael Cassio weiß, dass er nur wenig Alkohol verträgt, und wehrt zunächst alle Aufforderungen Iagos, weiter zu trinken, ab, wird schließlich aber doch schwach und ist schnell völlig betrunken. Daraufhin provoziert ihn Roderigo zu einem Streit, wie mit Iago abgesprochen. Montano, dem Iago Cassios angebliches Alkoholproblem geschildert hat, will schlichten und wird dabei verletzt.

Vom Lärm aufgeschreckt erscheint Othello, setzt der Auseinandersetzung ein Ende und verlangt zu erfahren, wie es zu dem Gerangel kam. Da weder Cassio noch Montano sich in der Lage sehen, die Situation zu schildern, erstattet Iago Bericht, wobei er noch vorgibt, zu zögern und Cassio in Schutz nehmen zu wollen: "I had rather ha' this tongue cut from my mouth,/Than it should do offence to Michael Cassio" (II, 3, 213/214). Othello sieht sich gezwungen, an seinem Freund ein Exempel zu statuieren und entlässt ihn von seinem Posten als Leutnant ("Cassio, I love thee,/But never more be officer of mine"; II, 3, 240/241).

Alle gehen ab, nur der ernüchterte Cassio, der kaum Erinnerungen an den Vorfall hat, bleibt mit Iago zurück und klagt ihm sein Leid, da er seinen guten Ruf zerstört sieht. Iago rät ihm daraufhin, sich an Desdemona zu wenden, damit sie sich bei ihrem Ehemann für seine Rehabilitierung einsetzt. Emilia, Iagos Gattin und Desdemonas Kammerfrau, soll dafür sorgen, dass Desdemona für Cassio Partei ergreift. Das passt ganz zu Iagos Plan, der die Treffen zwischen Cassio und Desdemona dazu nutzen will, Othello eifersüchtig und misstrauisch zu machen.

Akt III, Szene 1

Cassio versucht, Othellos Gunst wiederzugewinnen, indem er Musikanten vor seinem Fenster spielen lässt. Als diese von Othellos Diener, dem Clown, weggeschickt werden, wendet er sich an Emilia, Iagos Gattin und Desdemonas Kammerfrau, und bittet sie, ein Zusammentreffen mit ihrer Herrin zu ermöglichen. Emilia sagt ihm dies zu und versichert ihm auch, er stehe hoch in Othellos Gunst, aber dieser könne nicht so leicht nachgeben, weil Cassio mit Montano einen hochrangigen Bewohner Zyperns verletzt habe. Derweil versichert Iago Cassio, er werde dafür sorgen, dass das Treffen mit Desdemona ungestört verlaufen kann, indem er Othello anderweitig aufhalten wird.

Akt III, Szene 2

Othello beschließt, mit einigen Herren die Festung zu inspizieren und gibt Iago Briefe, die er dem Steuermann seines Schiffes ausliefern soll.

Akt III, Szene 3

Desdemona verspricht Cassio, sich tatkräftig bei Othello für ihn einzusetzen und die Freundschaft zwischen beiden wiederherzustellen. In dem Moment nähert sich Othello und Cassio macht sich schnell davon, da er sich nicht imstande fühlt, mit Othello selbst zu reden. Iago nutzt die Gelegenheit, um Othello einzureden, Cassio habe sich durch sein rasches Verschwinden so verhalten wie jemand, der etwas zu verbergen hat ("That he would sneak away so guilty-like,/Seeing you coming"; III, 3, 40/41). Desdemona bittet ihren Gemahl eindringlich, sich mit dem in Ungnade gefallenen Cassio wieder zu versöhnen.

Als Desdemona und Emilia gegangen sind, fährt Iago fort, bei Othello Zweifel an Desdemonas Treue zu säen. Auch wenn er zunächst nicht direkt mit der Sprache herausrücken will, macht er so viele quälende Andeutungen, bis Othellos Eifersucht geweckt ist und er anfängt, sich selbst, seine Frau und Cassio infrage zu stellen ("[...] for I am black,/And have not those soft parts of conversation/That chamberers have, or for I am declin'd/Into the vale of years [...]/She's gone"; III, 3, 267–271).

Als Desdemona wiederkommt und sieht, dass sich Othello offensichtlich nicht wohlfühlt, will sie ihm einen Verband anlegen, um seine Kopfschmerzen zu lindern. Dabei verliert sie ihr Taschentuch. Emilia nimmt es an sich, weil ihr Gatte Iago sie schon lange gebeten hat, es zu stehlen. Als erstes Geschenk von Othello an Desdemona hat es für die beiden eine besondere Bedeutung als Symbol ihrer gegenseitigen Liebe und Treue. Deshalb will Emilia Iago ursprünglich auch nur eine Kopie des Tuches geben, aber als ihr Mann unvermittelt auftaucht, übergibt sie ihm nichts Böses ahnend das Original. Iago triumphiert, da er es als Beweis für Desdemonas Untreue in Cassios Kammer bringen will.

Als Othello zurückkehrt und Iago bestürmt, ihm Gewissheit zu verschaffen und seine nagende Eifersucht entweder zu bestätigen oder zu widerlegen ("give me the ocular proof"; III, 3, 366), verstärkt dieser seine Zweifel, indem er behauptet, er habe Cassio im Schlaf über Desdemona reden hören und ihn im Besitz ihres Taschentuchs gesehen. Othello glaubt, damit einen Beweis für Desdemonas Ehebruch erhalten zu haben, geht auf die Knie und schwört Rache. Auch Iago kniet nieder und gelobt, ihm dabei zu helfen. Othello befördert Iago zu seinem Leutnant und verlangt Cassios Tod innerhalb von drei Tagen. Auch Desdemona will er mit dem Tod bestrafen.

Akt III, Szene 4

Desdemona ist besorgt über den Verlust ihres Taschentuchs. Als Othello, der bereits misstrauisch geworden ist, einen Schnupfen vortäuscht und sie danach fragt, sie es jedoch nicht vorzeigen kann und sich weiterhin für Cassios Rehabilitierung einsetzt, kann er seinen Zorn nur mühsam unterdrücken. Desdemona macht sich zwar Gedanken über die offensichtlich schlechte Laune ihres Ehemannes, ist sich im Gegensatz zu Emilia jedoch sicher, dass Staatsgeschäfte der Grund dafür sein müssen, da Eifersucht ihrem besonnenen Gatten völlig fremd sei ("but my noble Moor/Is true of mind, and made of no such baseness/As jealous creatures are"; III, 4, 26–28).

Cassio und Iago kommen hinzu. Iago bestärkt Cassio in dem Glauben, dass Desdemona die einzige Person ist, die bei Othello etwas für ihn erreichen kann. Desdemona bittet Cassio, auf Othello zu warten, bis Iago ihn etwas beruhigt hat. Während Cassio wartet, erscheint seine Geliebte, die Prostituierte Bianca. Sie ist wütend und vermutet, dass er sich mit einer anderen Frau trifft, weil er schon so lange nicht mehr bei ihr war. Dieser Verdacht verstärkt sich noch, als er ihr Desdemonas Taschentuch übergibt, damit sie es nachsticken kann, aber er versichert ihr, dass er es in seinem Zimmer gefunden habe.

Akt IV, Szene 1

Iago quält Othello weiterhin mit Äußerungen zu der angeblichen Affäre zwischen Desdemona und Cassio, bis dieser in einer Art wütendem Anfall zu Boden sinkt. Cassio erscheint, wird jedoch von Iago auf eine spätere Gelegenheit für eine Aussprache vertröstet. Dem wieder zu sich kommenden Othello rät Iago, sich auf die Lauer zu legen, um weitere Details über Cassios Affäre mit Desdemona zu erfahren ("For I will make him tell the tale anew,/Where, how, how oft, how long ago, and when,/He has, and is again to cope your wife"; IV, 1, 85–87). Während Othello das Ganze aus der Ferne beobachtet, befragt Iago den zurückgekehrten Cassio zu seiner Affäre mit Bianca, über die Cassio sich lustig macht. Othello glaubt, das Gespräch drehe sich um Desdemona und fühlt sich in seiner Eifersucht umso mehr bestätigt, als Bianca auftritt und Cassio wütend das Taschentuch, das er wohl doch von einer anderen Geliebten hat, zurückgibt. Othello ist nun endgültig rasend vor Wut und will Cassio und Desdemona töten. Iago schlägt ihm vor, Desdemona in ihrem Ehebett, das sie durch ihre Affäre befleckt hat, zu ersticken, und bietet selbst an, Cassio zu töten.

Lodovico, ein Bote aus Venedig, überbringt einen Befehl des Dogen, der Othello zurück nach Venedig beordert und Cassio Othellos Kommando auf Zypern überträgt. Als Desdemona ihre Freude angesichts dieser Entwicklung ausdrückt, verliert Othello die Nerven und schlägt und beleidigt sie. Lodovico, Zeuge dieses Vorfalls, ist fassungslos und fragt sich, was den im Senat so geschätzten General derartig verändert hat.

Akt IV, Szene 2

Emilia verbürgt sich bei Othello vergeblich für die Unschuld und Treue ihrer Herrin. Othello argwöhnt, Emilia wolle lediglich Desdemonas Betrug decken, und beharrt auf seiner Überzeugung, seine Gattin habe ihn hintergangen und betrogen.

Auch Desdemona selbst beteuert ihre Unschuld, aber Othello
lässt sich nicht beschwichtigen und beschimpft sie wüst. Emilia
und die völlig verstörte Desdemona können sich Othellos Ver-
änderung nicht erklären. Der herbeigerufene Iago spielt den Ah-
nungslosen, als Emilia vermutet, dass jemand, der auf ein Amt
aus ist, hinter der Verleumdung steckt. Mit der Erklärung, Staatsgeschäfte hätten Othello verändert, versucht er, Desdemona zu
beruhigen.

Nach dem Abgang der beiden Frauen erscheint Roderigo und
beklagt sich, dass Iago trotz des Geldes, das er ihm für seine
Dienste gegeben hat, bei Desdemona immer noch nichts erreicht habe. Er will sein Werben aufgeben, aber Iago gelingt es,
ihn umzustimmen. Er schildert ihm die neue Situation, dass
Cassio an Othellos Stelle eingesetzt werden solle und Othello
und Desdemona angeblich nach Mauretanien abreisen würden.
Um das zu verhindern, müsse Cassio getötet werden.

Akt IV, Szene 3

Othello fordert Desdemona auf, zu Bett zu gehen und Emilia
fortzuschicken. Obwohl Othello sich wieder etwas beruhigt zu
haben scheint, ist die Stimmung zwischen den beiden Frauen
düster: Desdemona spricht davon, in ihrem Hochzeitslaken, mit
dem das Bett bezogen wurde, begraben zu werden ("If I do die
before thee, prithee shroud me / In one of those same sheets";
IV, 3, 24/25) und singt ein trauriges Lied, das von einer getäuschten Frau handelt (Lied von der Weide). Als das Thema
Ehebruch zur Sprache kommt, versichert Desdemona erneut,
dass sie Othello liebe und ihm niemals untreu sein könne. Emilia ist der Meinung, auch Frauen dürften ihre Männer betrügen,
wenn sie schlecht behandelt würden.

Akt V, Szene 1

Iago und Roderigo wissen, dass sie Cassio nach dem Besuch bei Bianca allein auf der Straße erwischen können. Wie von Iago geplant, greift Roderigo ihn an, schafft es jedoch nicht, ihn zu töten und wird stattdessen selbst verwundet. Iago verletzt daraufhin Cassio am Bein, ohne dass dieser ihn bemerkt. Seine Schreie hört Othello, glaubt, der Ehebrecher sei tot und fühlt sich dadurch in seinen eigenen Mordabsichten gegenüber Desdemona bestärkt, sodass er zu ihr aufbricht, um die Tat gleich auszuführen. Als sich Lodovico und Gratiano, ein weiterer venezianischer Edelmann und Verwandter Brabantios, nähern, ersticht Iago Roderigo kurzerhand, damit dieser seinen Plan nicht enthüllen kann und er ihm sein Geld nicht zurückzahlen muss. Iago stellt sich den beiden Männern und den hinzukommenden Frauen Emilia und Bianca gegenüber als Cassios Retter dar. Der Verwundete und der Tote werden fortgetragen. Für Iago ist die Bedeutung der Ereignisse für seinen Plan klar: "This is the night/ That either makes me, or fordoes me quite" (V, 1, 128/129).

Akt V, Szene 2

Othello steht am Bett der schlafenden Desdemona. Auch wenn er sie scheinbar immer noch liebt, wie seine Worte und ein letzter Kuss beweisen ("A balmy breath, that doth almost persuade/ Justice herself to break her sword"; V, 2, 16/17), ist sein Entschluss, sie für ihre Schuld büßen zu lassen, gefasst ("Yet she must die, else she'll betray more men"; V, 2, 6). Als Desdemona erwacht, fragt er sie, ob sie vor dem Einschlafen gebetet habe und jetzt frei von Sünde sei. Daraufhin enthüllt er ihr seine Mordabsichten und sie bittet um Gnade. Auf die Vorhaltungen Othellos, sie habe Cassio ihr Taschentuch gegeben und eine Liebesaffäre mit ihm gehabt, beteuert sie erneut ihre Unschuld und Treue. Vergebens fleht sie, doch Othello erstickt sie mit ihrem Kissen.

Emilia kommt an die Tür, überbringt die Nachricht von Roderigos Tod und Cassios Verwundung und entdeckt die sterbende Desdemona. Obwohl deren letzte Worte Othello von der Schuld freisprechen, gesteht Othello Emilia seine Tat und fühlt sich im Recht. Er erwähnt, dass Iago ihm die Augen über Desdemona geöffnet habe, aber Emilia bezichtigt sogar ihren eigenen Mann der Lüge, wendet sich mutig gegen Othello ("This deed of thine is no more worthy heaven,/Than thou wast worthy her"; V, 2, 161/162), weist alle Behauptungen von Desdemonas Untreue zurück und schlägt Alarm.

Montano, Gratiano, Iago und Gefolge eilen herbei und sehen, was geschehen ist. Als Othello sich verteidigt, aufgrund von Iagos Informationen und Beweisen gehandelt zu haben, deckt Emilia Iagos falsches Spiel auf. Daraufhin ersticht der wütende Iago Emilia und läuft davon. Montano und Gratiano verfolgen ihn und bringen ihn als Gefangenen zurück. Auch der verletzte Cassio wird herbeigetragen. Othello erkennt seine Verblendung, bittet Cassio um Verzeihung und verwundet Iago, woraufhin er entwaffnet wird. Emilias Anklage vor ihrem Tod, Cassios Erklärung, wie er an Desdemonas Taschentuch gekommen sei, und Briefe, die man in Roderigos Tasche findet, überführen Iago endgültig, obwohl er selbst sich weigert, zu seinen Taten Stellung zu beziehen.

Lodovico enthebt Othello seines Amtes, setzt Cassio an seine Stelle und verurteilt Iago zur Folter. Othello wird verhaftet und soll vor dem Senat in Venedig seine Schuld erklären. Mit einer letzten Erklärung, dass er zu sehr, aber nicht klug geliebt habe („one that lov'd not wisely, but too well"; V, 2, 345), und wie gut er dem venezianischen Staat als Soldat gedient habe, ersticht sich Othello mit einer in seinem Gewand versteckten Waffe. Sterbend küsst er Desdemonas Leiche ("I kiss'd thee ere I kill'd thee, no way but this,/Killing myself, to die upon a kiss"; V, 2, 359/360).

Lodovico setzt Gratiano als Erben Othellos ein und weist Montano an, Iago seiner gerechten Strafe zuzuführen. Bevor er nach Venedig aufbricht, beendet er das Drama mit den Worten: "Myself will straight aboard, and to the state/This heavy act with heavy heart relate" (V, 2, 371/372).

Textanalyse und Interpretation

1 Personenkonstellation und Charakterisierungen

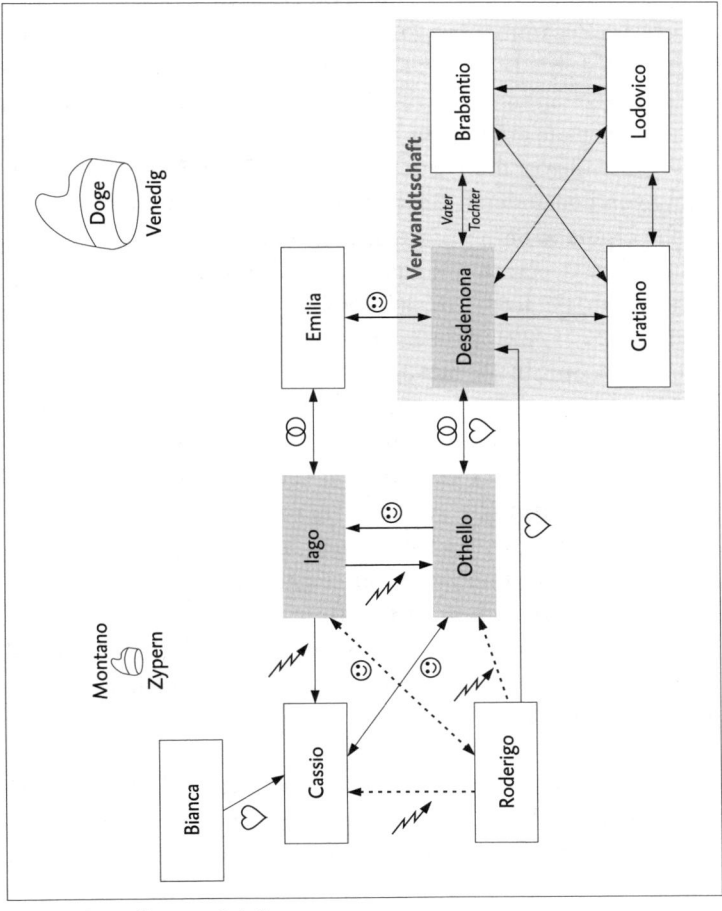

Personenkonstellation in *Othello*

Othello

Die Titelfigur von Shakespeares Tragödie ist Othello, „the Moor of Venice". Das Wort „moor" wird meist als Maure oder Berber gedeutet, wobei die ethnische Zuordnung bzw. die Intensität von Othellos Hautfarbe von einigen Interpreten unterschiedlich beurteilt wird. Traditionell sah und spielte man die Figur als Schwarzafrikaner, da sich zahlreiche Verwendungen des Wortes „black" im Zusammenhang mit Othello im Text nachweisen lassen (z. B. I, 1, 88; I, 3, 290; II, 3, 29; III, 3, 267). Insgesamt ist es für das Verständnis des Stückes aber auch weniger wichtig, Othellos genaue **ethnische Zugehörigkeit** zu kennen, sehr viel entscheidender ist die Tatsache, dass er aufgrund seiner Abstammung von den anderen Charakteren als anders und größtenteils im abwertenden Sinne als fremdartig empfunden wird.

In einem Gespräch mit Iago erwähnt Othello, er stamme von Königen ab ("I fetch my life and being / From men of royal siege"; I, 2, 21/22). Nun befindet er sich in fortgeschrittenem Alter und kann auf ein bewegtes Leben zurückblicken, in dem er eine Karriere vom Sklaven zum erfahrenen Soldaten und General machte. Er ist imposant in seinem Auftreten, eine absolute Respektsperson, den nicht nur sein Leutnant Cassio, der ihn als „so good a commander" (II, 3, 271) und „great of heart" (V, 2, 362) bezeichnet, hoch schätzt. Auch in Venedig wird er vor allem als **Feldherr** und aufgrund seiner zahlreich unter Beweis gestellten **militärischen Qualitäten** respektiert und geachtet. Montano bezeichnet ihn als „worthy governor" (II, 1, 30) und als Zypern von den Türken bedroht wird, ruft der Doge Othello, dessen Erfahrung und militärischem Geschick er vertraut, zu Hilfe.

Obwohl er das Gegenteil von sich behauptet ("Rude am I in my speech, / And little blest with the set phrase of peace"; I, 3, 81/82), ist Othello außerdem ein **gewandter Redner** und tritt gegenüber Brabantio würdevoll und sachlich auf, ohne sich provozieren zu lassen. Auch **Desdemonas Liebe** hat er durch seine zurückhaltende, vornehme Art sowie durch seine Eloquenz, mit der er ihr von seinem abenteuerlichen Leben berichtet hat, gewonnen.

Trotz der Wertschätzung, die ihm als Soldat entgegengebracht wird, bleibt Othello als Afrikaner gesellschaftlich ein **Außenseiter**. So wird er gleich in der Expositionsszene von Iago als „Barbary horse" (I, 1, 111/112) und „old black ram" (I, 1, 88), von Roderigo als „thicklips" (I, 1, 66) und „lascivious Moor" (I, 1, 127) verunglimpft. Auch Desdemonas Vater Brabantio reagiert mit Entsetzen und Wut auf die Nachricht, seine Tochter Desdemona habe sich in Othello verliebt, was seiner Meinung nach nur durch „spells and medicines" (I, 3, 61), mit anderen Worten durch „witchcraft" (I, 3, 64), erreicht worden sein kann. Diese **Doppelmoral der venezianischen Gesellschaft**, die seine militärischen Dienste nutzt, seine Hautfarbe aber ablehnt, scheint auch Othello selbst zu erkennen. Sein Selbstbewusstsein fußt vor allem auf dem Vertrauen in seine militärischen Fähigkeiten und selbst in der letzten Rede kurz vor seinem Selbstmord erinnert er alle Anwesenden, "I have done the state some service, and they know't" (V, 2, 340).

Sein Außenseiterstatus kann vielleicht auch erklären, warum Othello **Iagos Intrige** so leicht zum Opfer fällt: Obwohl Desdemona ihn unverbrüchlich liebt, wird der zuvor so selbstsicher auftretende Othello von Iago angestachelt, an der Treue seiner Frau zu zweifeln. Seine charakterlichen Schwächen, seine **Leichtgläubigkeit** und seine **blinde Eifersucht**, bringen ihn dazu, in verzweifelter Wut den einzigen Menschen, der bedingungslos zu ihm gehalten hat, zu töten. Fehlgeleitet durch Iago fühlt er sich einem unentrinnbaren Schicksal ausgeliefert und meint, dieses Opfer bringen zu müssen, um Gerechtigkeit zu üben, d. h. Desdemona für ihre angebliche Sünde zu bestrafen.

Gerade der Kontrast zu seinem vorher so beherrschten und vernünftigen Auftreten macht Othellos durch Eifersucht verblendetes Wüten so eindrucksvoll. Er kann nun teilweise kaum noch sprechen vor Zorn, ist für keinerlei vernünftige Argumente mehr zugänglich und schreckt auch vor äußerster Brutalität nicht zurück. Erst nach dem Mord an Desdemona, als Iagos Intrige enthüllt wird und Othello seine Fehleinschätzung einsehen muss, tritt sein erhabener Charakter wieder zum Vorschein: Er wählt den einzigen, für ihn in seinem starren Gerechtigkeitsempfinden und in seiner tiefen Reue und Trauer um die geliebte Ehefrau möglichen Ausweg und tötet sich selbst.

Einige Interpreten sehen in Othellos Soldatentum eine weitere Erklärung für die Leichtgläubigkeit, die ihn zum Opfer des gerissenen Iago werden lässt. Othello hat jahrzehntelang für den Krieg gelebt und kennt nur Freund oder Feind, ganz oder gar nicht. Was Othello als General auf dem Schlachtfeld souverän im Griff hat, entgleitet ihm im zivilen Leben völlig, nämlich Strategien und List zu durchschauen und flexibel zu reagieren. Seine verengte Denkweise macht ihn, den Militär, zum Außenseiter in der Zivilgesellschaft und anfällig für die grundlose Eifersucht, die ihm der Intrigant Iago so geschickt einredet. Sie lässt ihm keinen Ausweg als den Mord an seiner Frau Desdemona und verursacht somit auf tragische Weise den tiefen Fall des einst so stolzen Generals.

Iago

Obwohl Shakespeares Schauspiel im Titel den Namen Othellos trägt, ist Iago die eigentliche zentrale Figur. Er hat nicht nur von allen Figuren den größten Redeanteil, sondern er ist es, der eine verhängnisvolle Entwicklung in Gang setzt und gerissen und skrupellos vorantreibt, bis sie schließlich in eine Katastrophe mündet.

Iago behauptet Roderigo gegenüber, er sei 28 Jahre alt ("I ha' look'd upon the world for four times seven years"; I, 3, 311/312). Jahrelang hat er Othello als **Fähnrich** in vielen Schlachten loyal zur Seite gestanden und sich in den Augen des Generals verdient gemacht. Othello sieht in ihm seinen treuen Helfer, dem er z. B. seine Frau Desdemona bedingungslos anvertrauen kann. Er hält Iago für seinen ehrlichen Unterstützer und weisen Ratgeber.

Während Othello einseitig nur die positive Seite seines Fähnrichs sieht, lernt der Zuschauer bereits in der Expositionsszene die negativen Charakterzüge Iagos kennen, die im Verlauf des Dramas immer deutlicher zutage treten. Den tölpelhaften Roderigo, der sich in Desdemona verliebt hat, nutzt er schamlos aus und offenbart seinen **materialistischen Erwerbstrieb**. Fortwährend drängt er den jungen Venezianer "Put money in thy purse" (I, 3, 340–353), angeblich für das Werben um Desdemona. Als die Veruntreuung des Vermögens jedoch aufzufliegen beginnt und die Gefahr droht, dass Roderigo Juwelen und Geld zurückfordern könnte, ist Iago sogar bereit, ihn aus dem Weg zu räumen. Insgesamt geht er in seiner **Skrupellosigkeit** über Leichen. Er sorgt dafür, dass Cassio seinen Posten verliert, zerstört die Ehe von Othello und Desdemona, verursacht letztlich den Mord an Desdemona und Othellos Selbstmord, verübt einen fast tödlichen Anschlag auf Cassio, den er zu erstechen versucht, tötet Roderigo und schließlich sogar seine eigene Ehefrau Emilia, die seine heimtückischen Machenschaften offenbart und ihn als Lügner entlarvt.

Iago gelingt es, das Vertrauen der anderen Charaktere zu gewinnen, sie zu manipulieren und zu täuschen, weil er ihre Schwächen kennt – z. B. Othellos mangelhafte Menschenkenntnis und Anfälligkeit für Eifersucht, Roderigos blinde Vernarrtheit, Cassios Sorge um seinen guten Ruf – und sie schamlos für seine Zwecke ausnutzt. Faszinierenderweise wird er von den anderen Charakteren fast während des gesamten Handlungsverlaufs für genau das gehalten, was er nicht ist, nämlich „**honest, honest Iago**" (V, 2, 155). Er ist also der **perfekte Intrigant**, der sich so gut verstellen kann, dass er alles in seinem Sinne lenken kann, ohne selbst dabei als Strippenzieher aufzutreten. Seine Wortgewandtheit und geschickte Gesprächsführung, die bisweilen aber auch ins Vulgäre abgleitet (so z.B. im ersten Akt, als er Brabantio gegenüber Othello und Desdemonas Ehe in den Schmutz zieht, oder im zweiten Akt, als er sich im Gespräch mit Desdemona als ausgesprochener Frauenfeind zeigt), unterstützt seine gemeinen Taten. Er selbst ist stolz auf seine **Selbstbeherrschtheit und List** und macht das u.a. in dem Satz "our bodies are gardens, to the which our wills are gardeners" (I, 3, 321/322) deutlich. Erst am Ende, als sein perfider Plan aufgedeckt wird, erscheint er als schwach und feige: Er tötet seine eigene Frau und weigert sich, zu den Gründen für seine Intrigen auszusagen.

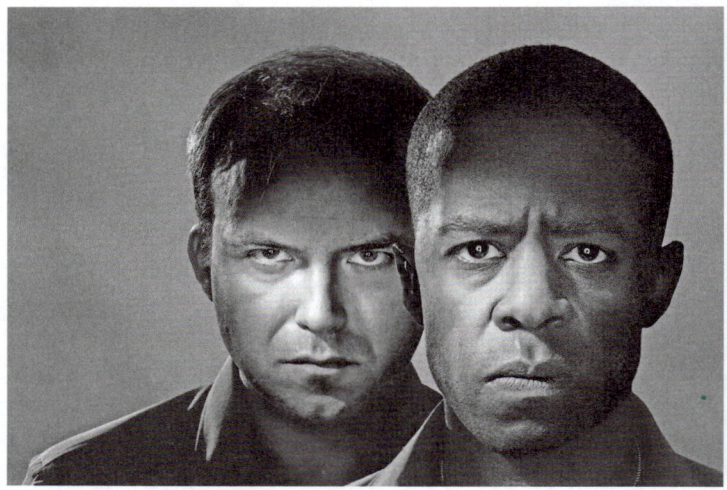

Iago (links) als Manipulator Othellos

Genau diese **Unklarheit von Iagos Motiven** hat immer wieder neue Spekulationen und Interpretationen befeuert. Am Ende des ersten Aktes zählt er selbst einige Gründe für sein Handeln auf. Da ist zunächst sein Hass auf Othello ("I hate the Moor"; I, 3, 365/366; I, 3, 385), weil der ihn bei einer Beförderung zugunsten Michael Cassios übergangen hat. Iago ist verletzt, fühlt sich zurückgesetzt und schwört deshalb Rache. Zudem hegt er den Verdacht, Othello habe mit Emilia geschlafen ("'twixt my sheets/He's done my office"; I, 3, 386/387). Des Weiteren könnte ein Minderwertigkeitskomplex aufseiten Iagos eine Rolle spielen. Aufgrund ihrer sozialen Stellung sind für ihn, den einfachen Fähnrich, Othello, Desdemona und Cassio unerreichbar. Über Cassio sagt er beispielsweise, "He has a daily beauty in his life,/That makes me ugly" (V, 1, 19/20), was seinen Neid ausdrücken könnte. Möglich ist auch, dass er Othello hasst, weil der ihn bei Desdemona, zu der Iago eine heimliche Liebe empfindet ("I do love her too"; II, 1, 288), verdrängt hat. Einige modernere Interpreten und Regisseure, vor allem in der Nachfolge des Psychoanalytikers Sigmund Freud, sahen Iagos Verhalten stattdessen aus einer völlig anderen Perspektive und deuteten es als eine Reaktion auf unterdrückte homosexuelle Gefühle gegenüber Othello selbst.

Auf der Suche nach Iagos Motiven hinterfragte bereits der Dichter und Kritiker Samuel Taylor Coleridge (1772–1834) die Selbstoffenbarungen Iagos. Den Monolog am Ende des ersten Aktes, in dem Iago seinen Hass auf Othello erläutert, sieht Coleridge als Jagd eines Bösen nach Motiven, die im Grunde gar nicht existieren ("the motive-hunting of motiveless malignity"[3]). So gesehen erscheint die Tatsache, dass Iago bei der Beförderung übergangen worden ist, nur als Anlass und Auslöser, nicht als Ursache für seine niederträchtigen Taten. Von Cornelia Fiedler wird er chrakterisiert als „ein wendiger, smarter Strippenzieher aus Leidenschaft, dem sein ursprünglicher Racheplan bald zur Nebensache wird: Wie ein blutiges Kunstwerk komponiert er die Intrige bis zur letzten Leiche durch"[4]. Insgesamt wird deutlich, dass für Iagos Intrige **kein einzelnes primäres Motiv** verantwortlich ist, dass seine Bosheit wohl eher aus mehreren Quellen entspringt. Diese Komplexität belegt die außerordentliche Meisterschaft und faszinierende Kunst, mit der Shakespeare diese Figur auf die Bühne brachte.

Desdemona

Desdemona ist Othellos junge Gemahlin. Die schöne Venezianerin („a maid, so tender, fair, and happy"; I, 2, 66) stammt aus gutem Hause. Ihr stolzer Vater, der **Senator Brabantio**, beschreibt sie als still, zurückhaltend und tugendhaft: „A maiden never bold of spirit,/So still and quiet, that her motion/Blush'd at her self" (I, 3, 94/95). Deshalb ist für ihn auch völlig klar, dass Desdemona das passive Opfer von Othello sein muss und sich nicht aus freien Stücken für die Ehe mit ihm entschieden haben kann. Gleich bei ihrem ersten Auftritt wirkt Desdemona dieser **Opferrolle** jedoch eindrücklich entgegen: Bei der Konfrontation mit ihrem Vater erweist sie sich als mutige und entschlossene Verteidigerin ihrer Entscheidung. Im Konflikt zwischen den Pflichten der Tochter gegenüber ihrem Vater und der Treue zu ihrem Gatten steht sie fest an der Seite Othellos. Sie will ihm treu folgen und bittet daher den Dogen auch, Othello nach Zypern begleiten zu dürfen. Ihre Liebeserklärung, "That I did love the Moor, to live with him,/My downright violence, and scorn of fortunes,/May trumpet to the world" (I, 3, 248–250), zeigt ihre Bereitschaft, sich über die Konventionen hinwegzusetzen und auch auf Annehmlichkeiten, an die sie als Tochter eines Senators sicherlich gewöhnt ist, zu verzichten, um mit dem Soldaten Othello unter sehr viel bescheideneren Umständen zu leben. Othello nennt sie liebevoll „my fair warrior" (II, 1, 181) und unterstreicht damit ihre Stärke einerseits und ihre Hingabe an ihn andererseits. Auch im Gespräch mit Iago (vgl. II, 1, 100–164) erweist sie sich als durchaus schlagfertig.

Insgesamt ist ihre **Treue** jedoch Desdemonas herausragendste Eigenschaft, die sie in der Deutung einiger Kritiker als naiv, schwach und passiv charakterisiert. Von mehreren Personen, wie z. B. von Cassio (vgl. II, 1, 61–65) und Emilia (vgl. V, 2, 136), wird sie als **perfektes Beispiel für Tugend** angeführt und auch Roderigo will Iagos Lügen über Desdemonas Untreue zunächst nicht glauben (vgl. II, 1, 247/248). Angesichts dieser bedingungslosen Treue trifft das grausame Schicksal sie – und auch den Zuschauer – umso brutaler. In den Augen vieler Kritiker ist Desdemona das **unschuldigste Opfer** aller weiblichen Figuren in Shakespeares Dramen. Während der Zuschauer sieht, wie das Gift der Eifersucht in Othello zu wirken beginnt, ist Desdemona fest überzeugt, Othello könne gar nicht eifersüchtig sein. Sie verkennt die Realität und bleibt ihrem Gatten selbst dann noch treu ergeben, nachdem er sie öffentlich geschlagen und gedemütigt hat und versichert, "my love doth so approve him,/ That even his stubbornness, his checks and frowns,/ [...] have grace and favour in them" (IV, 3, 19–21). Ohne es zu ahnen, trägt sie zu ihrem eigenen Untergang bei. In ihrer unschuldigen und ehrlichen Art setzt sie sich bei mehreren Gelegenheiten für den verzweifelten Cassio ein und verstärkt dadurch unbewusst den in Othello aufkeimenden Verdacht ihrer Untreue. In unerschütterlicher Ergebenheit steht Desdemona bis zum bitteren Ende zu Othello und verzeiht ihm sogar ihren eigenen Tod, den sie lieber als Selbstmord auf sich nimmt, als Othello als Mörder zu beschuldigen (vgl. V, 2, 124/125). Ihre Wehrlosigkeit und ihr hilfloses Leiden erschüttern die Zuschauer:

> ... the suffering of Desdemona [...] is the most nearly intolerable spectacle that Shakespeare offers us. [...] Desdemona is helplessly passive. [...] She is helpless because her nature is infinitely sweet and her love absolute.[5]

Michael Cassio

Der höfliche und gebildete Florentiner ist eine der Personen, die Iago für seine Intrige gegen Othello benutzt. Er genießt bei Othello große Wertschätzung und wurde deshalb von ihm zum **Leutnant** befördert, obwohl er ein relativ unerfahrener Soldat ist. Cassio hat ebenfalls eine hohe Meinung von seinem General und beide sind auch freundschaftlich verbunden, was sich daran zeigt, dass Othello Cassio mit seinem Vornamen anspricht (vgl. II, 3, 1/180) und Cassio auch von Anfang an von Othellos Liebe zu Desdemona gewusst hat (vgl. III, 3, 95–101). Auch gegenüber Desdemona hat Cassio großen Respekt und spricht voller Ehrfurcht von ihr (vgl. II, 1, 61–65).

Für Iago ist er aufgrund seiner feinen Sitten und seiner galanten Art gegenüber Frauen ein relativ leichtes Opfer. Zunächst lässt Cassio sich verführen, mehr zu trinken, als er eigentlich verträgt, und kann durch seine aufbrausende Art ("he is rash, and very sudden in choler"; II, 1, 268) in eine Schlägerei verwickelt werden. Als er danach seine Stellung bei Othello verliert, nutzt Iago eine weitere seiner Schwächen, die übersteigerte **Sorge um seinen guten Ruf**, um den Florentiner zu **Bittgesuchen** bei Desdemona zu überreden und ihn so als ihren Liebhaber erscheinen zu lassen. Schlussendlich wird ihm außerdem sein **Verhältnis zu der Prostituierten Bianca** zum Verhängnis, der gegenüber er keine ernsten Absichten hat, wie er Iago prahlerisch enthüllt. Dieses Gespräch beobachtet Othello und wertet es als Beweis für die Untreue seiner Frau, da er glaubt, Cassio rede über Desdemona.

Cassio ist der typische Vertreter des **gebildeten Höflings**, der Iagos Machenschaften in seiner **offenen** und **ehrlichen**, aber auch etwas **oberflächlichen** Art nicht durchschauen kann. Am Ende des Stückes entkommt er dem Anschlag durch Roderigo und Iago mit lediglich einer Beinverletzung und wird zum Gouverneur von Zypern ernannt.

Emilia

Emilia ist **Iagos Ehefrau** und **Desdemonas treue Kammerzo-fe**. Ohne es zu ahnen, spielt sie eine wichtige Rolle im Plan ihres Ehemanns Iago: Einerseits bestärkt sie Cassio in seinem Vorhaben, sich Desdemonas Fürsprache bei Othello zu sichern. Andererseits ist sie es, die Iago Desdemonas Taschentuch übergibt, das er als Scheinbeweis für deren Untreue benötigt. Sie weiß jedoch nicht, für welchen Zweck er es verwenden will und wird somit **trotz bester Absichten** zur **unschuldigen Mittäterin**.

Im Vergleich zu der romantischen Desdemona scheint Emilia eine bessere **Menschenkenntnis** und mehr **Realitätssinn** zu besitzen: Sie erkennt Othellos Eifersucht (vgl. III, 4, 100; III, 4, 161–164) und sieht die untergeordnete und passive Rolle der Frau, die dem Mann ausgeliefert ist ("They are all but stomachs, and we all but food;/They eat us hungerly, and when they are full,/They belch us"; III, 4, 105–107). Sie legt außerdem dar, dass auch Frauen ihre Männer betrügen könnten und sogar dürften, wenn sie von ihren Ehemännern schlecht behandelt würden ("But I do think it is their husbands' faults/If wives do fall [...]/The ills we do, their ills instruct us so"; IV, 3, 86–103).

Desdemona ist sie treu ergeben. Sie verteidigt sie entschieden gegen alle Anschuldigungen, widersetzt sich sogar ihrem Ehemann und deckt schließlich seine Intrigen auf, als dieser auf Desdemonas Untreue beharrt. Dafür ersticht Iago sie und selbst ihre letzten Worte gelten ihrer Herrin ("Ay, ay, O lay me by my mistress' side"; V, 2, 238).

Roderigo

Der junge vermögende Venezianer ist – ähnlich wie Cassio – **Opfer und Werkzeug des arglistigen Iago**. Im Unterschied zum gebildeten Florentiner, der Statur besitzt, ist Roderigo aus einfacherem Holz geschnitzt. Er hat sich **in Desdemona verliebt**, die für ihn aber unerreichbar ist. Um seine Chancen bei

Desdemona zu verbessern, hat er sich von Iago überreden lassen, ihn als seinen Fürsprecher bei der Angebeteten zu engagieren. Arglos lässt er sich von Iago hinters Licht führen und immer mehr Geld und Schmuck abluchsen. Da Iago keinerlei Fortschritte bei Desdemona erzielt, kommen Roderigo zwar immer wieder Zweifel an der Mission, die er einmal sogar in übertriebenem Pathos durch seinen Selbstmord beenden möchte (vgl. I, 3, 305). Doch in seiner Verliebtheit lässt er sich von Iago immer wieder überreden, sein Werben fortzusetzen und bei immer waghalsigeren Taten dessen Werkzeug zu sein. Als es ihm nicht gelingt, Cassio zu töten, ersticht Iago ihn kaltblütig und erst im Sterben erkennt Roderigo, dass er für den Intriganten die ganze Zeit nur eine **willige Marionette** war, und verflucht ihn ("O damn'd Iago, O inhuman dog"; V, 1, 62).

Brabantio

Brabantio ist ein **Senator Venedigs** und der **Vater von Desdemona**. Für seine junge und schöne Tochter hat er sich eine gute und angemessene Partie erhofft, wobei er sehr **wählerisch** ist und unter anderem Roderigo als nicht gut genug empfindet ("My daughter is not for thee"; I, 1, 98). Umso entsetzter ist er über Desdemonas Verbindung mit Othello, den er zwar gern als Gast in seinem Haus gesehen hat ("Her father lov'd me, oft invited me"; I, 3, 128), den er aber aufgrund seiner Hautfarbe und wohl auch seines sozialen Standes als Ehemann für seine wertvolle Tochter für absolut unangemessen hält. Brabantio kann sich nicht vorstellen, dass Desdemona sich aus freien Stücken mit Othello verbunden hat. Er unterstellt daher Othello Zauberei, mit der er Desdemona verführt und gefügig gemacht habe. Erst nachdem Desdemona ihm versichert, sie habe sich bewusst für Othello entschieden und stehe fest zu ihrem Gemahl, muss er sich in sein Schicksal fügen, kann seinen Kummer aber nie ganz verwinden. Wie Gratiano am Ende des Dramas berichtet, hat ihre **Ehe, die er als Verrat empfindet** ("Fathers from hence, trust not your daughters' minds"; I, 1, 171), ihm das Herz gebrochen und er stirbt, noch während Desdemona, Othello und die anderen auf Zypern sind ("Thy match was mortal to him"; V, 2, 206).

Seine Warnung am Ende des ersten Aktes, "Look to her, Moor, have a quick eye to see:/She has deceiv'd her father, may do thee" (I, 3, 292/293), dass dem getäuschten Vater ein getäuschter Ehemann folgen könnte, wird von Iago in sein Lügennetz mit aufgenommen werden.

Doge

Der Doge ist das **Staatsoberhaupt der Republik Venedig**. Als oberster Kriegsherr erörtert er im Senat die militärische Lage, als oberster Richter entscheidet er über Brabantios Klage. Der Doge kommandiert Othello nach Zypern zur Verteidigung der Insel gegen die Türken ab. Als erfolgreicher Soldat steht **Othello bei ihm in hohem Ansehen** und er erkennt auch die Ehe zwischen Desdemona und Othello als rechtskräftig an.

Montano

Er ist als **Gouverneur Zyperns** der Vorgänger Othellos, dem dieser zur Unterstützung im Kampf gegen die Türken geschickt wird. Auch Montano **hält große Stücke auf Othellos militärische Leistungen**. Im Kampf mit dem angetrunkenen Cassio wird er verletzt, was zu Cassios Entlassung führt. Am Ende des Stückes soll er über Iagos Bestrafung entscheiden.

Lodovico und Gratiano

Lodovico und Gratiano sind zwei **venezianische Edelleute** und Gesandte des Dogen, die Othello dessen Befehl übermitteln, nach Venedig zurückzukehren. Beide sind außerdem **mit Desdemona und Brabantio verwandt**. Lodovico wird Zeuge des brutalen Ausfalls Othellos gegenüber Desdemona und sieht mit Verwunderung, wie sehr sich der einst so gefestigte Othello verändert hat ("Is this the noble Moor, whom our full senate/Call all in all sufficient? This the noble nature,/Whom passion could not shake? whose solid virtue/The shot of accident, nor dart of chance,/Could neither graze, nor pierce?"; IV, 1, 265–269; "I am sorry that I am deceiv'd in him"; IV, 1, 283). In dieser Szene und in einem Gespräch zwischen Desdemona und Emilia (vgl. IV, 3, 35–39) wird **der besonnene Lodovico** beinahe als Gegenentwurf zum durch Wut und Eifersucht veränderten Othello präsentiert, wie um zu zeigen, was für einen Mann Desdemona auch hätte heiraten können. Lodovico spricht die letzten Worte im Drama, mit denen er Gratiano zu Othellos Erben ernennt, Iago der Gerichtsbarkeit des Gouverneurs überstellt und seine eigene Rückreise nach Venedig verkündet.

Bianca

Sie ist eine **Prostituierte**, mit der Cassio häufig Umgang pflegt. Allerdings scheint er ihr deutlich mehr am Herzen zu liegen als umgekehrt. Bianca vermutet, er habe eine andere Geliebte, als seine sonst regelmäßigen Besuche bei ihr ausbleiben. Cassio dagegen amüsiert ihre **Anhänglichkeit**. Für ihn kommt eine ernsthafte Beziehung zu einer Prostituierten nicht infrage. Auch in die Intrige um Desdemonas Taschentuch wird sie verwickelt: Cassio gibt es ihr, nachdem er es in seinem Zimmer gefunden hat, um das Muster zu kopieren. Sie weigert sich und Othello beobachtet, wie sie es Cassio wütend mit den Worten zurückgibt, es gehöre wohl einer anderen Geliebten.

2 Form und Aufbau

Überblick

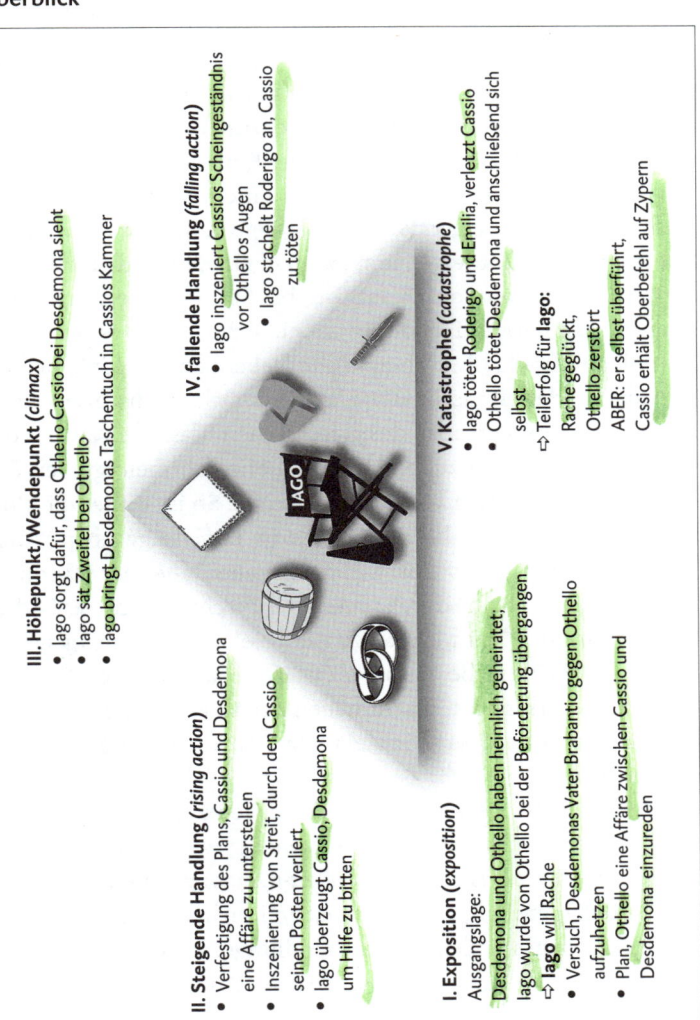

III. Höhepunkt/Wendepunkt (climax)
- Iago sorgt dafür, dass Othello Cassio bei Desdemona sieht
- Iago sät Zweifel bei Othello
- Iago bringt Desdemonas Taschentuch in Cassios Kammer

IV. fallende Handlung (falling action)
- Iago inszeniert Cassios Scheingeständnis vor Othellos Augen
- Iago stachelt Roderigo an, Cassio zu töten

V. Katastrophe (catastrophe)
- Iago tötet Roderigo und Emilia, verletzt Cassio
- Othello tötet Desdemona und anschließend sich selbst
⇨ Teilerfolg für Iago:
Rache geglückt,
Othello zerstört
ABER: er selbst überführt,
Cassio erhält Oberbefehl auf Zypern

II. Steigende Handlung (rising action)
- Verfestigung des Plans, Cassio und Desdemona eine Affäre zu unterstellen
- Inszenierung von Streit, durch den Cassio seinen Posten verliert
- Iago überzeugt Cassio, Desdemona um Hilfe zu bitten

I. Exposition (exposition)
Ausgangslage:
Desdemona und Othello haben heimlich geheiratet;
Iago wurde von Othello bei der Beförderung übergangen
⇨ Iago will Rache
- Versuch, Desdemonas Vater Brabantio gegen Othello aufzuhetzen
- Plan, Othello eine Affäre zwischen Cassio und Desdemona einzureden

Handlungsaufbau (Iagos Intrigen)

Othello und die klassische Dramenform

Als eine der Haupteinflussquellen auf die Entwicklung der elisabethanischen Tragödie gilt die *Poetik* des Griechen Aristoteles (384–322 v. Chr.), in der er neben Themen und Zweck der Tragödie auch formale Regeln niederschrieb. Dazu zählen die Aufteilung einer Tragödie in fünf Akte sowie die Forderung nach Einhaltung der drei Einheiten („**three unities**"): der Einheit des Ortes, der Zeit und der Handlung. Der Einheit des Ortes zufolge sollte eine klassische Tragödie an nur einem Schauplatz spielen, was in der Antike meist der Platz vor dem Königspalast war. Die Einheit der Zeit fordert eine maximale Handlungsdauer von einem Tag, also von Sonnenaufgang bis Sonnenuntergang, während die Einheit der Handlung darauf abzielt, dass es nur einen zentralen Konflikt ohne ablenkende Nebenhandlungen gibt.

Anhand der Tragödie *Othello* lässt sich nachweisen, dass Shakespeare die Vorgaben des griechischen Klassikers zwar wohl sehr gut kannte und auch in vielerlei Hinsicht befolgte, er sich aber andererseits auch von diesen befreite. So ist weder die **Einheit der Zeit** noch die **des Ortes** in *Othello* gegeben. Auch wenn das Stück vage bleibt, was die genaue Dauer der Handlung betrifft, wird allein durch mehrere Nachtszenen klar, dass Shakespeare sich hier nicht an Aristoteles' Forderungen gehalten hat. Auch die Tatsache, dass der Ort der Handlung von Venedig bis nach Zypern reicht, macht neben der Missachtung einer weiteren Einheit klar, dass sehr viel mehr Zeit verstreichen muss als ein einziger Tag.

Die Wahl der beiden **Schauplätze** Venedig und Zypern ist auch von symbolischer Relevanz: Venedig war für Shakespeares Zeitgenossen eine Traumstadt, gekennzeichnet durch ihr exotisches Völkergemisch, ihren immensen Reichtum und ihren eher lockeren Lebensstil. Der zweite Handlungsort Zypern ist vor allem durch seine Lage als zivilisatorischer Außenposten am Rande der christlichen Welt interessant: Im Militärlager auf der Insel befinden sich die Charaktere in einer gewissen Isolation, sie sind auf sich selbst zurückgeworfen und nur so können die Intrigen Iagos ohne den schützenden Rechtsstaat ihre volle Wirkung entfalten. Erst die venezianischen Gesandten Lodovico und Gratiano sorgen für die Wiederherstellung einer gewissen Ordnung.

Einzig, was die **Einheit der Handlung** betrifft, scheint sich Shakespeare relativ strikt an das von Aristoteles vorgegebene Schema zu halten, was sich auch in der Einteilung in fünf Akte und deren Erfüllung verschiedener Funktionen zeigt.

Der erste einleitende Akt, die sogenannte Exposition („**exposition**"), stellt neben den Hauptpersonen den zentralen Konflikt in Grundzügen vor. In der Tragödie *Othello* lernt der Zuschauer hier alle Hauptpersonen (Othello, Iago, Desdemona und Cassio) kennen und erfährt etwas über ihre Beziehungen zueinander. So wird Othellos und Desdemonas heimliche Heirat und ihre gegenseitige Liebe deutlich, aber auch Iagos Hass und Missgunst gegenüber Othello und Cassio. Vor allem Iagos abschließender Monolog (I, 3, 382–403) bereitet die weitere Handlung vor, weil er hier seinen perfiden Plan, Othello eifersüchtig zu machen und ihm eine Affäre zwischen Cassio und Desdemona einzureden, ankündigt.

Der zweite Akt erfüllt die Funktion, die Handlung zu beschleunigen, die Spannung zu steigern und zur Katastrophe hinzuleiten. Deshalb bezeichnet man ihn auch als Akt der steigenden Handlung („**rising action**"). So führen auch die Ereignisse des zweiten Aktes in *Othello* unaufhaltsam auf den dramatischen, von Iago geplanten Höhepunkt zu: Angefangen von der Ankunft auf Zypern, bei der Iago sich durch den freundlichen Umgang zwischen Cassio und Desdemona in seinem Plan bestätigt fühlt, erreicht er Cassios Entlassung aus Othellos Diensten und nutzt dessen anschließende Reue, um ihn in Desdemonas Nähe zu bringen.

Im dritten Akt der Tragödie erreicht die Handlung dann ihren Höhepunkt bzw. das Schicksal des Helden wendet sich („**climax**" oder „**turning point**" bzw. „**peripety**"). In *Othello* stehen die Ereignisse wiederum ganz im Zeichen von Iagos geschickter Manipulation: Ihm gelingt es durch immer neue Tricks und Kniffe, den vorher so selbstsicheren Othello davon zu überzeugen, dass seine Frau Desdemona ihn betrügt, bis er ihn am Ende des dritten Aktes so weit gebracht hat, ihr sowie dem vermeintlichen Ehebrecher Cassio bittere Rache zu schwören.

Der vierte Akt zögert einerseits die endgültige Katastrophe noch hinaus, steuert andererseits aber auch unaufhaltsam auf sie zu. In ihm spielt sich mit anderen Worten die fallende Handlung („**falling action**") ab. In *Othello* besteht dieses Zutreiben auf die Katastrophe vor allem in dem Scheingeständnis Cassios, das Othello beobachtet und darin den letzten Beweis für die Affäre zwischen Cassio und Desdemona sieht. Aber auch die sich immer weiter verschlechternde Beziehung zwischen Othello und Desdemona wird anhand von Othellos Beschimpfungen und schließlich sogar der körperlichen Misshandlung seiner Ehefrau (vgl. IV, 1, 240) deutlich. Vor allem die Szene, in der Emilia und Desdemona das Schlafgemach von Othello und Desdemona unwissentlich für Desdemonas Ermordung vorbereiten (IV, 3), wirkt sowohl handlungsverzögernd als auch durch die zahlreichen Andeutungen auf den Tod spannungssteigernd.

Im letzten Akt der Tragödie tritt die Katastrophe („**catastrophe**") nun also tatsächlich ein. Klassischerweise ereignet sich hier der Untergang des Helden bzw. die Auflösung des Konflikts, in der Tragödie in negativer Form. Auch Othello besiegelt im letzten Akt sein Schicksal, indem er Desdemona tötet und sich anschließend selbst das Leben nimmt. Daneben sterben auch weitere Charaktere, nämlich Roderigo und Emilia, Cassio wird verletzt und Iago gefangen genommen.

Othello als Charaktertragödie

In der Literatur und Literaturkritik haben die Begriffe „Tragödie" und „tragisch" eine andere Bedeutung als in der Alltagssprache. Die meisten Menschen bezeichnen einen Unfall als „tragisch", wenn er besonders schlimm war und sie in besonderem Maße betroffen gemacht hat. In Anknüpfung an Aristoteles ist **Tragik** in der Dichtung der „unausweichliche, schicksalshafte Untergang eines Wertvollen im Zusammenstoß oder Widerstreit mit anderen erhabenen Werten oder übermächtigen Gewalten"[6].

In der **Schicksalstragödie** („**tragedy of fate**") wird der Untergang eines Menschen aufgrund eines tragischen Schicksals, dem er nicht entgehen und das er selbst nicht beeinflussen kann, thematisiert. Viele der frühen griechischen Tragödien lassen sich diesem Typus zuordnen, da meistens das Wirken der Götter bzw. Orakelsprüche das Schicksal des Helden unvermeidbar machen. Auch Shakespeare deutet z. B. in *Romeo and Juliet* immer wieder ein unentrinnbares, vorherbestimmtes Schicksal an.

In Shakespeares späteren Tragödien ist der Untergang des Protagonisten nicht auf das Wirken höherer Mächte oder des Schicksals zurückzuführen, sondern dieser selbst bzw. ein oder mehrere andere Charaktere führen den Untergang aufgrund von persönlichen Fehlern mehr oder weniger aktiv herbei. Diese Dramen, zu denen auch *Othello* gehört, werden als **Charaktertragödien** („**tragedies of character**") bezeichnet. Auch wenn sich die Katastrophe in *Othello* leicht auf Iagos Intrigen zurückführen lässt (vgl. Schaubild zu Beginn des Kapitels), ist er nicht der einzige fehlerbehaftete Charakter des Stückes. Gerade die Helden in Shakespeares späteren Tragödien weisen Charakterschwächen (sogenannte „**tragic flaws**") auf, durch die sie ihren eigenen Untergang mitbeeinflussen.

Bei Othello sind diese charakterlichen Fehler seine maßlose Eifersucht sowie seine Leichtgläubigkeit. Die Hauptfigur ist also nicht ein von Grund auf übler und verabscheuungswürdiger Mensch. So wäre sein Untergang nur eine logische und – vom Zuschauer – erwünschte Bestrafung für seine Missetaten. Stattdessen macht Othello in den ersten Szenen des Dramas einen souveränen Eindruck und ist ein anerkannter und tapferer Heerführer. Nur wenn ein im Grunde tugendhafter Mensch in Versuchung geführt und in die Irre geleitet wird, kann der Zuschauer Mitleid empfinden angesichts seines Untergangs, den der Held sich zwar selbst bereitet, der aber durch äußere Faktoren, wie z. B. die diabolischen Pläne Iagos, herbeigeführt wird. In geringerem Maße kann man solche „tragic flaws" auch bei anderen Charakteren des Dramas erkennen, so z. B. in Cassios aufbrausender Art, durch die er sich in die Schlägerei verwickeln lässt, oder in Desdemonas Naivität und Unfähigkeit, die drohende Katastrophe zu erkennen.

Dramatic irony

Das Element der „dramatic irony" spielt in *Othello* eine ausgesprochen wichtige Rolle. Mit diesem Begriff bezeichnet man die Tatsache, dass die Zuschauer bzw. Leser eines Stückes mehr über den Fortgang der Handlung und über einzelne Personen wissen als die Charaktere im Stück. Besonders deutlich ist dieses **Ungleichgewicht an Informationen** in Bezug auf Iago. Bereits im allerersten Gespräch zwischen Roderigo und Iago werden Iagos finstere Absichten offenkundig und besonders deutlich treten diese in seinem Monolog am Ende des ersten Aktes zutage, in welchem er seine Täuschung in groben Zügen bereits vorzeichnet (vgl. I, 3, 390–403). Dennoch wird er besonders von Othello, aber auch von anderen Charakteren, die ganze Zeit über für ehrlich gehalten und sie wenden sich ausgerechnet an ihn als Ratgeber und Freund. Eine besonders eindrückliche Verwendung von dramatischer Ironie findet sich im vierten Akt: Emilia beschreibt in Anwesenheit ihres Mannes denjenigen, der ihrer

Meinung nach Othello Desdemonas Untreue eingeredet hat, und gibt damit indirekt eine ziemlich akkurate Charakterisierung von Iago ab:

> I will be hang'd, if some eternal villain,/Some busy and insinuating rogue,/Some cogging, cozening slave, to get some office,/ Have not devis'd this slander, I'll be hang'd else. (IV, 2, 132–135)

Hierauf antwortet Iago sogar noch, "Fie, there is no such man, it is impossible" (IV, 2, 136), und offenbart damit seine ganze Verlogenheit. Bei früheren Auftritten sollen die Zuschauer teilweise so von Iagos Täuschungen entsetzt gewesen sein, dass sie versuchten, Othello vor seinem Unglück zu bewahren und ihm zuriefen, er solle Iago nicht glauben.

Eine eher komische Verwendung von dramatischer Ironie findet sich im Gespräch zwischen Desdemona und dem Clown: Dieser versteht das doppeldeutige Wort „lie" im Bezug auf Cassio absichtlich als „lügen" statt „liegen". Somit wird Cassios später in Zweifel gezogene Ehrlichkeit betont, als der Clown auf Desdemonas Frage, "Do you know, sirrah, where the Lieutenant Cassio lies?", mit "I dare not say he lies any where" (III, 4, 1–3) antwortet. Dies ist neben einer weiteren Szene, in der der Clown und einige Musiker auftreten (vgl III, 1, 1–30), gleichzeitig ein Beispiel für das sogenannte „**comic relief**". Solche lustigen Szenen sind in nahezu allen Shakespeare-Dramen zu finden, sie sollen dem Publikum eine Pause verschaffen, in der sich die Anspannung etwas löst und es zur Aufnahme neuer tragischer Verwicklungen bereit wird. Im Vergleich zu vielen anderen Werken Shakespeares weist *Othello* ausgesprochen wenige komische Szenen auf, was die dramatische Wirkung des Stückes noch steigert.

3   Zentrale Themen und Motive

Eifersucht

Shakespeares *Othello* gilt allgemein als das klassische Drama der fehlgeleiteten Liebe und krankhaften Eifersucht. So urteilte bereits Lessing: „Othello hingegen ist das vollständigste Lehrbuch über diese traurige Raserei [die Eifersucht]; da können wir alles lernen, was sie angeht, sie erwecken und sie vermeiden."[7] Die Charakterschwäche Othellos, diese Leidenschaft zu zähmen, ist sein **„tragic flaw"** und führt letzten Endes in die Katastrophe.

An mehreren Stellen des Dramas ist immer wieder die Rede von „jealousy", „the green-ey'd monster, which doth mock/ That meat it feeds on" (III, 3, 169–171). Eifersucht wird als eine **quälende Leidenschaft** gezeigt, die denjenigen, der sie empfindet, geradezu wahnsinnig macht. Emilia, die als eine der bodenständigsten Personen im Stück präsentiert wird, erklärt Eifersucht mit den Worten,

> *But jealous souls will not be answer'd so;/They are not ever jealous for the cause,/But jealous for they are jealous: 'tis a monster,/Begot upon itself, born on itself.* (III, 4, 161–164)

Damit macht sie deutlich, dass Eifersucht, wenn sie erst einmal geweckt ist, keine vernünftigen Gründe braucht, sondern sich sozusagen selbst ernährt. Genau so wird sie in *Othello* dargestellt: Sobald Othello anfängt, Iagos Behauptungen, Desdemona betrüge ihn mit Cassio, Glauben zu schenken, steigert er sich so in seine **Raserei** hinein, dass er rationalen Argumenten nicht mehr zugänglich ist. Er scheint sie auch gar nicht zu brauchen, weil er anderen angeblichen „Beweisen" viel größeres Gewicht beimisst. Obwohl die **Phase des Zweifelns und der Ungewissheit** als am schlimmsten beschrieben wird ("By the world,/ I think my wife be honest, and think she is not,/I think that thou art just, and think thou art not;/[…]/I'll not endure it: would I were satisfied!"; III, 3, 389–396), erkennt Othello bereits vorher, dass der **Verlust von Vertrauen** alle reellen Beweise eigentlich überflüssig macht ("to be once in doubt,/Is once to be resolv'd"; III, 3, 183/184). Plötzlich deutet er alles als Beweis für Desdemonas Untreue: Das beginnt bei ihren feuchten Händen, die ihr „liberal heart" (III, 4, 38) beweisen sollen, jede freundliche Erwähnung Cassios steigert Othellos Gewissheit und der „ocular proof" (III, 3, 366) besteht letztlich in einem nur unzureichend beobachteten Scheingeständnis und dem Verlust von Desdemonas Taschentuch, das symbolisch mit ihrer Keuschheit gleichgesetzt wird.

Die Szenen, in denen der von Iago gequälte Othello seinen Gefühlen freien Lauf lässt, gehören zu den eindrucksvollsten Auftritten, die Shakespeare geschaffen hat. Das Publikum fühlt mit, wie er unter der Last leidet und an ihr zerbricht. Die Darstellung großer Gefühle hat Shakespeare in der Folgezeit weltweite Wertschätzung eingebracht und Othello wird oft geradezu exemplarisch als Gefühlsmensch im Kontrast zu einem kalten Vernunftmenschen gesehen[8]. Auch wenn sein Besitzdenken absolut ist ("I had rather be a toad,/And live upon the vapour in a dungeon,/Than keep a corner in a thing I love,/For others' uses"; III, 3, 274–277) und katastrophale Folgen hat, erscheint es dennoch als menschlich, gerade weil ein eigentlich besonnener und vernünftiger Mann zu so übermächtigen Gefühlen fähig ist.

Das scheint ein weiterer Beweis für Shakespeares psychologisches Verständnis der menschlichen Natur zu sein. So besonnen und souverän Othello auch auftreten mag, als oftmals geächteter sozialer Außenseiter trägt er doch eine gewisse **Unsicherheit** in sich, die ihn für Iagos Einflüsterungen anfällig macht. Schließlich scheint es durchaus Gründe für Desdemona zu geben, sich von ihm abzuwenden: Sie musste sich gegen starke Widerstände durchsetzen, um ihn zu heiraten, er ist „nur" ein Soldat, kein

Adliger, und fühlt sich außerdem zu alt für seine junge schöne Frau (vgl. III, 3, 267–271).

Allerdings geht Othellos Verhalten einigen Interpreten zu weit, um als bloße Eifersucht erklärt zu werden. Er steigert sich in das Gefühl, getäuscht worden zu sein, geradezu **fanatisch** hinein und überhöht den Mord an Desdemona ideologisch. Kurz bevor er sie tötet, wiederholt er dreimal das Wort „cause" (V, 2, 1–3), was zeigt, dass er den Mord als gerechte Sache empfindet. Ebenso belegt der Satz "Yet she must die, else she'll betray more men" (V, 2, 6) seine Überzeugung, moralisch richtig zu handeln. Natürlich muss diese Sichtweise auch im Kontext der Entstehungszeit gesehen werden, als die eheliche Treue neben ihrer emotionalen Bedeutung auch für den **Ruf** oder die **Ehre** des Ehemannes essenziell war.

Möglicherweise spielt auch bei Iagos Motiven Eifersucht, sei es in Form von Neid oder in Form von erotisch motivierter Eifersucht, eine Rolle. Somit lässt sich die Behauptung, dass Eifersucht für den Untergang von Desdemona und Othello verantwortlich ist, durchaus belegen.

Rassismus

Das Staatsoberhaupt der Republik Venedig versichert Brabantio, dem erzürnten Vater Desdemonas, "If virtue no delighted beauty lack,/Your son-in-law is far more fair than black" (I, 3, 289/ 290). Auch wenn dieses Zitat als Kompliment für Othello gemeint ist und seinen edlen Charakter unterstreichen soll, wird daran doch die rassistische Grundhaltung des Stückes deutlich: Schwarz wird mit negativen Dingen assoziiert und für hässlich gehalten. An einem dunkelhäutigen Menschen wie Othello ist ein edler Charakter also außergewöhnlich und steht geradezu im Widerspruch zu seiner Hautfarbe.

Obwohl Othello viele Vorzüge besitzt, die von den anderen Charakteren im Stück auch durchaus so wahrgenommen werden, sei es als hervorragender Soldat, als geschickter Redner oder als ruhiger und vernünftiger Mann, bleibt seine Hautfarbe dennoch ein **Makel**, der es ihm letztlich unmöglich macht, vollkommen akzeptiert zu werden. Gerade was Liebesbeziehungen oder gar sexuelle Kontakte zwischen einem Dunkelhäutigen und einer adeligen Venezianerin angeht, herrscht in der Gesellschaft des Stückes ein tief verwurzelter Rassismus. Besonders deutlich wird das in den drastischen und herabwürdigenden **Metaphern**, in denen Iago gegenüber Brabantio über Othello und Desdemonas Beziehung spricht: Er nennt Othello ein „Barbary horse" (I, 1, 111/112), das seine Tochter besteigt, oder beschreibt ihn als „an old black ram [...] tupping your white ewe" (I, 1, 88/89). Othello wird hier als triebhafte, animalische Bestie verunglimpft, die die unschuldige Desdemona in ihren Klauen hat („the gross clasps of a lascivious Moor"; I, 1, 127). Gerade die Angst vor der „**Rassenvermischung**", deren angeblich unnatürliche Konsequenzen Iago und Roderigo ausmalen ("you'll have your nephews neigh to you"; I, 1, 112; "your daughter, and the Moor, are now making the beast with two backs"; I, 1, 116–118), treibt Brabantio aus dem Haus, um seine Tochter zu retten. Für ihn ist es undenkbar, dass sich Desdemona aus freien Stücken ausgerechnet für einen Afrikaner entschieden haben sollte. Die Ehe wird als **unnatürlich** (vgl. I, 3, 101) bezeichnet, eine Einschätzung, die sogar Othello selbst verinnerlicht zu haben scheint, da er Iago gegenüber Desdemonas Entscheidung als „nature erring from itself" (III, 3, 231) beschreibt. Iago unterstützt Othellos Selbstzweifel und bestärkt ihn in der Angst, dass die Verbindung zwischen den beiden unnatürlich ist und Desdemona ihren Entschluss früher oder später bereuen muss (vgl. III, 3, 232–242). In Brabantios Argumentation wird auch ein weiteres Vorurteil gegenüber dunkelhäutigen Menschen deutlich, die als mit dem Teufel verbündete Heiden galten. Othello selbst ist Christ, dennoch wird er an mehreren Stellen als „**devil**" (z. B. I,

1, 91; V, 2, 132) und „practiser/Of arts inhibited" (I, 2, 78/79) bezeichnet.

Auch Desdemona ist sich bewusst, dass ihre Liebe zu Othello nicht nur für ihren Vater, sondern für die venezianische Gesellschaft insgesamt inakzeptabel ist. Daher stimmt sie zu, Othello heimlich zu ehelichen und mit ihm von Venedig fortzugehen. Die Frage, ob Desdemona frei von rassistischen Vorurteilen ist, wird in der Forschung kontrovers diskutiert und unterschiedlich beantwortet: Offensichtlich liebt sie Othello für seinen Charakter, wobei sein Aussehen und seine Hautfarbe nicht von Belang sind. Ihr Satz "I saw Othello's visage in his mind" (I, 3, 252) scheint diese offene Farbenblindheit und Toleranz ihrerseits auszudrücken, auch wenn sie sich nicht bewusst vom Negativdenken, was dunkle Hautfarbe angeht, abgrenzt. Sie betont nur erneut Othellos „weiße" Seele, die ihn zu dem macht, der er ist, und eventuell sogar im Widerspruch zu seiner Hautfarbe steht. Andererseits ist der Hauptgrund, warum Desdemona sich in Othello verliebt hat, seine **exotische Anziehungskraft**. Auch wenn es sich hierbei nicht um eine negative Zuschreibung handelt, wird er doch in gewisser Weise **stereotyp** gesehen, als der andersartige und dadurch interessante Fremde. Man könnte also sagen, dass seine Hautfarbe eine Rolle spielt, wenn auch für Desdemona keine negative.

Natürlich muss man sich auch bei der Frage, ob es sich bei *Othello* um ein rassistisches Stück handelt, mit der **Entstehungszeit** des Dramas auseinandersetzen. Die darin thematisierten Vorurteile gegenüber dunkelhäutigen Menschen waren zu Shakespeares Zeit durchaus verbreitet. Allein der Sklavenhandel zeigt, wie wenig Schwarzafrikaner als gleichwertige Menschen galten. Er florierte zur Zeit des British Empire, das unter Elizabeth I. begann. Die Sklaven mussten damals hauptsächlich in den Kolonien arbeiten. Dennoch gab es vor allem in London Schwarzafrikaner, die als Dienstpersonal beschäftigt waren oder reichen Bürgern als exotisches Aushängeschild ihres Wohlstands dienten. Ob Iagos und Roderigos diffamierende Aussagen über Othello auf die Zuschauer schockierend gewirkt haben oder ob sie als „normal" hingenommen wurden, wissen wir nicht.

Wichtig in Shakespeares Konstruktion ist, dass er den **Afrikaner Othello als den Guten und Edlen** und **den weißen Iago als Bösewicht** präsentiert. Dadurch fordert er ein Negativ-Stereotyp heraus und **hinterfragt rassistische Einstellungen**. Dennoch deckt sich vor allem die Darstellung von Othellos unkontrolliertem **Zorn** und seiner **Leichtgläubigkeit** mit verbreiteten Stereotypen jener Zeit. Eine Quelle, die Shakespeare möglicherweise benutzt hat, könnte Leo Africanus' *A Geographical History of Africa* sein. Der folgende Ausschnitt klingt wie eine Charakterisierung Othellos:

> *Those which we named the inhabitants of the cities of Barbarie are somewhat needie and covetous, being also very proud and high-minded, and woonderfully addicted unto wrath; insomuch that (according to the proverbe) they will deeply engrave in marble any injurie be it never so small, and will in no wise blot it out of their remembrance ... Their wits are but meane, and they are so credulous, that they will believe matters impossible, which are told them.*[9]

Die Frage, ob Shakespeare mit *Othello* ein rassistisches Drama verfasst hat, bleibt also letztlich offen und muss in unterschiedlichen Kontexten immer wieder unterschiedlich interpretiert und beantwortet werden. Viele Kritiker meinen, dass die ethnischen Unterschiede zwischen den Protagonisten letztlich gar nicht entscheidend für den Fortgang des Dramas seien. Nicht Othellos und Desdemonas unterschiedliche Herkunft sei verantwortlich für ihre Entfremdung, sondern Iago. Gerade in der heutigen Zeit, in der Rassismus und Diskriminierung aufgrund von Hautfarbe oder Zugehörigkeit zu einer ethnischen Gruppe

zentrale gesellschaftliche und politische Herausforderungen darstellen, sollte der multikulturelle Aspekt jedoch nicht außer
Acht gelassen werden. Schließlich zeigt er erneut die zeitlose,
sich stets weiterentwickelnde Relevanz von Shakespeares Werk.

Ehre und guter Ruf – Schein und Sein

Für mehrere Charaktere spielt ihr Ansehen in der öffentlichen
Meinung eine große Rolle und beeinflusst dadurch ihr Handeln.
Für **Othello** ist seine Reputation besonders wichtig, da er als
Ausländer nur über seinen Ruf als guter, ehrenwerter Soldat
Eintritt in die Gesellschaft Venedigs findet. Nach Desdemonas
angeblichem Ehebruch verdeutlicht er dies mit den Worten "my
name, that was as fresh / As Dian's visage, is now begrim'd and
black / As mine own face" (III, 3, 392–394). Hier bringt unter
anderem der Schwarz-Weiß-Kontrast wieder deutlich zum Ausdruck, was Othello nach dem Verlust seiner Ehre wäre, nämlich
„nur noch" ein „Mohr", ein **Geächteter** und von der Gesellschaft Ausgeschlossener. Wie das Zitat außerdem zeigt, ist
Othellos Ehre nicht nur mit seinem **Ansehen als Soldat** ver-
knüpft, sondern auch in hohem Maße mit der **Keuschheit und
Sittsamkeit seiner Frau**. Desdemonas mögliche Untreue wird
also gleichgesetzt mit einem Verlust ihrer eigenen Ehre sowie
der ihres Mannes. Das führt so weit, dass Othello sich als „hon-
ourable murderer" (V, 2, 295) sieht, nachdem er Desdemona für
ihren angeblichen Ehrverlust getötet hat. Als Erklärung für seine
Untat gibt er an, nicht aus Hass, sondern um der Ehre willen gehandelt zu haben ("For nought did I in hate, but all in honour";
V, 2, 296).

Dass gerade für **Armeeangehörige** Ruf und Ansehen große
Bedeutung haben, weil sie sich über ihre Ehre definieren, wird
ebenso an Cassios starker Reaktion auf den Verlust seines Pos-
tens deutlich: Durch diesen Ehrverlust sieht er seine ganze Exis-
tenz bedroht und bringt das zum Ausdruck, als er verzweifelt

ausruft: "Reputation, reputation, I ha' lost my reputation! I ha' lost the immortal part, sir, of myself, and what remains is bestial; my reputation, Iago, my reputation!" (II, 3, 255–258). Seiner Meinung nach hat er verloren, was den Menschen ausmacht, und ist auf die Stufe eines würdelosen Tieres herabgesunken. Kein Wunder also, dass er sich von Iago leicht überreden lässt, alles zu tun, um über Desdemonas Fürsprache Begnadigung bei Othello zu erreichen.

Iagos Position zu der Bedeutung von Ansehen und gutem Ruf ist **nicht ganz eindeutig**: Cassio gegenüber behauptet er, für ihn sei eine Ehrverletzung nicht mit einer körperlichen Wunde (vgl. II, 3, 260) zu vergleichen, da der eigene Ruf oft sowieso nur auf unverdienten und falschen Einschätzungen beruhe (vgl. II, 3, 261–263). Das mag seiner tatsächlichen Einstellung näher kommen, als dass er, der völlig skrupel- und ehrlos handelt, ironischerweise Othello gegenüber behauptet, "Good name in man and woman's dear, my lord;/Is the immediate jewel of our souls:/Who steals my purse, steals trash, 'tis something, nothing,/'Twas mine, 'tis his, and has been slave to thousands:/But he that filches from me my good name/Robs me of that which not enriches him,/And makes me poor indeed" (III, 3, 159–165). So ehrlos Iago auch auftritt, es ist dennoch nicht sicher, ob er die Intrige nicht nur aus verletzter Ehre, weil er sich bei einer Beförderung übergangen fühlt, in Gang bringt, ihm sein guter Ruf also doch mehr am Herzen liegt, als er zugibt.

Dass der Ruf einer Person und ihr tatsächlicher Charakter nicht unbedingt ein und dasselbe sind, wird ebenfalls vor allem an der Person Iagos deutlich: Was seine Reputation betrifft, ist Iago einer der angesehensten Charaktere überhaupt. An zahlreichen Stellen wird er als **ehrlich** beschrieben oder bezeichnet sich selbst so (vgl. z. B. I, 3, 284; II, 1, 199; II, 3, 6; II, 3, 239; II, 3, 259; III, 1, 41; III, 3, 5; III, 3, 122; III, 3, 262; V, 1, 31; V, 2, 149; V, 2, 155). Zugleich aber ist er derjenige, der aktiv den Ruf anderer Charaktere schädigt und triumphierend zugibt, "I am not what I am" (I, 1, 65) bzw. "I must show out a flag, and sign of love,/Which is indeed but sign" (I, 1, 157/158).

Insgesamt spielt Shakespeare in *Othello* an vielen Stellen mit den Widersprüchen zwischen Schein und Sein: Bereits die **Ablenkungsmanöver der Türken** werden als „pageant,/To keep us in false gaze" (I, 3, 18/19) bezeichnet und stehen damit symbolisch für eine ganze Reihe weiterer Fälle, die nicht so sind, wie sie auf den ersten Blick erscheinen. Desdemona täuscht ihren Vater, indem sie mit Othello durchbrennt. Ihre **Sittsamkeit** als brave Tochter ist somit nur äußerer Schein, während ihre **Treue** als Ehefrau, die später angezweifelt wird, vollkommen echt ist. Cassio wird von Iago ein **Alkoholproblem** angedichtet, das Othello angeblich übersieht, woraufhin Montano es gar als gute, ehrliche Tat Iagos sehen würde, Othello über diesen erlogenen Charakterfehler Cassios zu unterrichten:

> *Perhaps he sees it not, or his good nature/Praises the virtues that appear in Cassio,/And looks not on his evils: is not this true? [...] It were an honest action to say so/To the Moor.*
> (II, 3, 127–136)

Als Othellos Eifersucht gegenüber Desdemona und Cassio geweckt ist, verlangt er zwar „**ocular proof**" (III, 3, 366) für ihre Affäre, verlässt sich im Endeffekt aber auf **völlig unzureichende Beweise** und Iagos Darstellungen. Alles in allem schenken die Charaktere also scheinbaren Beweisen und Äußerlichkeiten zu viel Glauben, weshalb Iagos Intrigen auch so gut funktionieren.

4   Sprache und Symbolik

Shakespeares Dramen haben sich durch die Jahrhunderte einen Spitzenplatz auf der Bühne und im Kanon der Weltliteratur bewahrt, obwohl der Zugang zu den Werken nicht immer einfach ist. Als Shakespeare seine Stücke verfasste, begann die moderne englische Sprache erst, sich zu entwickeln. Prägend für die Ausbildung einer ersten standardisierten Form des Englischen waren vor allem die *King James Bible* (1611) und Shakespeare selbst sowie einige seiner zeitgenössischen Schriftsteller. Man schätzt, dass Shakespeare weit über 1 000 Wörter, zum Teil Neuschöpfungen, zum ersten Mal schriftlich festhielt. Er war also maßgeblich an der **kreativen Erweiterung der englischen Sprache** beteiligt, schuf aber auch Wörter, die man heute gar nicht mehr oder nicht mehr in der gleichen Bedeutung verwendet.

	Beispiele
's blood (z. B. I, 1, 4)	verkürzt für „by the Lord's blood"
zounds (z. B. I, 1, 86)	verkürzt für „by the Lord's wounds"
englut (z. B. I, 3, 57)	Synonym für „devour"
mazzard (z. B. II, 3, 146)	Synonym für „head"
unhandsome (z. B. III, 4, 153)	Synonym für „unskilled"

Daneben gibt es Formulierungen, die heute als **Verstöße gegen die grammatikalische Korrektheit** gelten, die aber den Sprachstand um 1600 widerspiegeln. So war z. B. die Wortstellung weniger streng geregelt als heutzutage und Fragen und Verneinungen ohne die „to do"-Umschreibung möglich (z. B. "How goes it now?"; IV, 3, 11 bzw. "I like not that"; III, 3, 35 etc.).

Zur Zeit Shakespeares gab es außerdem die heute weitestgehend nicht mehr gebräuchliche Unterscheidung für Pronomen der zweiten Person zwischen Singular und Plural bzw. informeller und höflicher Anrede. Die Formen „**thee**" und „**thou**" sowie „thy" und „thine" wurden **informell** für die Anrede unter Freunden oder sozial Gleichgestellten sowie von Ranghöheren gegenüber Rangniederen verwendet, während „**you**" und „**your**" **respektvolle Distanz** zum Ausdruck bringen. So ist es bezeichnend, dass Othello Iago gegenüber sagt, "if thou dost love me,/ Show me thy thought" (III, 3, 119/120), während Iago respektvoll antwortet, "My lord, you know I love you" (III, 3, 121).

Vers und Prosa in *Othello*

Shakespeares Verwendung von Vers einerseits und Prosa andererseits dient zum einen der sozialen Zuordnung der Charaktere und ist zum anderen vom inhaltlichen Zusammenhang abhängig. Die gebildeteren oder sozial höher gestellten Personen in Shakespeares Stücken reden in Versen. Das traditionelle Versmaß im Elisabethanischen Drama war der sogenannte Blankvers („**blank verse**"), ein reimloser iambischer Pentameter (Fünfheber mit der Betonung auf der zweiten Silbe):

$$\times \quad \acute{\times} \mid \times \quad \acute{\times} \mid \times \quad \acute{\times} \mid \times \quad \acute{\times} \mid \times \quad \acute{\times}$$
OTHELLO: My parts, my title, and my perfect soul (I, 2, 31)

Gereimte Verse finden sich seltener, oft in besonders feierlichen Situationen, z. B. in den Reden des Dogen und Brabantios (vgl. I, 3, 199–220). Ansonsten tauchen sehr häufig am Ende einer Szene sogenannte „**rhyming couplets**" (reimende Zweizeiler) auf, die einen gewissen Abschluss bilden und somit deutlich markieren, dass eine Szene endet und eine neue beginnt. Ein Beispiel hierfür ist unter anderem Iagos Satz "I ha't, it is engender'd; Hell and <u>night</u>/ Must bring this monstrous birth to the world's <u>light</u>" (I, 3, 402/403). Da Iago ja beinahe wie ein Regisseur das Stück lenkt, wirken diese Kommentare wie eine Zusammenfassung des bisher Geschehenen und eine Überleitung zur Bedeutung des Folgenden. Der allerletzte Satz des Stückes, den Lodovico spricht, ist ebenfalls ein „rhyming couplet", das dem

Stück die nötige Abrundung verleiht ("Myself will straight aboard, and to the state/This heavy act with heavy heart relate"; V, 2, 371/372).

Dass Iago im Versmaß redet, ist allerdings nicht durchgängig der Fall. Stattdessen ist er einer der Charaktere, deren Prosa ihren vergleichsweise niedrigen Stand zum Ausdruck bringt. So bezeichnet er Othellos Sprechen abfällig als „a bombast circumstance,/Horribly stuff'd with epithets of war"; I, 1, 13/14), verachtet ihn also wegen seiner hochgestochenen Sprache, was natürlich auch ein Zeichen seines versteckten Sozialneids sein kann.

Insgesamt ist gerade der Wechsel von Vers zu Prosa ein interessantes Mittel, mit dem Shakespeare Charakteränderungen verdeutlicht. Einer der wandlungsfähigsten und manipulativsten Charaktere wurde mit Iago bereits erwähnt: Wenn er persönliche Gespräche führt, weil er Roderigo oder Othello von seinen Ansichten überzeugen und ihnen Vertrauen einflößen will, spricht er meist in Prosa, während seine sich selbst inszenierenden Monologe im Versmaß gehalten sind. Cassios Blankvers leidet unter seiner Trunkenheit (vgl. II, 3) und Othellos sonst so erhabenes Sprechen ist nur noch wütendes, teilweise unzusammenhängendes Gestammel, kurz bevor er seinen durch Eifersucht bedingten Schwächeanfall hat (vgl. IV, 1, 35–44).

Ein weiterer Kniff, um das Stück temporeicher zu machen, ist Shakespeares häufige Durchbrechung des regelmäßigen Blankversschemas, wenn er einen fünfhebigen Vers auf mehrere Sprecher verteilt, was beispielsweise in der letzten spannungsgeladenen Szene häufig der Fall ist. Ein Beispiel, bei dem ein Vers auf gleich drei Sprecher verteilt ist, findet sich in V, 2, 224:

× ×́ | × ×́ | × ×́ |	× ×́ | ×	×́
Be wise and get you home.	I will not.	Fie,
⎵ IAGO ⎵	⎵ EMILIA ⎵	⎵ GRATIANO ⎵

Bildersprache

Die Verwendung einer bilderreichen Sprache ist im Selbstver-
ständnis der elisabethanischen Dichter begründet. Sie waren be-
strebt, ihre humanistische Bildung zu beweisen und dem Zeit-
geist zu entsprechen, der von einem geschärften Sprachempfin-
den und Sprachbewusstsein geprägt war. Die häufigsten Formen
der Bildersprache sind Metaphern oder Vergleiche, die sich in
Othello mehreren großen Hauptthemengebieten zuordnen lassen.

Besonders häufig werden Bilder aus dem Bereich der **Natur,
der Tier- und Pflanzenwelt** verwendet. Othello beispielsweise vergleicht den Fluss seiner Gedanken mit dem schwarzen
Meer:

> *Like to the Pontic Sea,/Whose icy current, and compulsive
> course,/Ne'er feels retiring ebb, but keeps due on/To the Pro-
> pontic, and the Hellespont:/Even so my bloody thoughts, with
> violent pace/Shall ne'er look back, ne'er ebb to humble love*
> (III, 3, 460–465)

Damit wird die Unkontrollierbarkeit der Gedanken zum Ausdruck gebracht, die gerade unter
dem leidenschaftlichen Einfluss der Eifersucht
jegliche Rationalität und jede freundliche
Gefühlsregung hinwegspülen. Im Gegensatz dazu fühlt Iago sich solchen leidenschaftlichen Gefühlsregungen überlegen, wenn er
in seiner Gartenmetapher zu Roderigo sagt, "our
bodies are gardens, to the which our wills are gardeners" (I, 3, 321/322). Tiermetaphern und -vergleiche werden
meist abwertend gebraucht. So sagt Iago in derselben Szene zu
dem verzweifelten Roderigo, der daran denkt, seinem Liebes-
kummer durch Selbstmord ein Ende zu setzen, "ere I would say
I would drown myself, for the love of a guinea-hen, I would
change my humanity with a baboon" (I, 3, 314–316). Hier wird

Desdemona als „dumme Pute" verunglimpft und zugleich Roderigo dafür kritisiert, dass er sich von seinen Gefühlen für sie so vereinnahmen lässt. Auch Othellos Leichtgläubigkeit sieht Iago als eselhaft, wenn er sagt, "And will as tenderly be led by the nose … As asses are" (I, 3, 400/401). Roderigo selbst fühlt sich wie ein hilfloser Hund, der von Iago ganz nach Belieben herbeizitiert werden kann ("I do follow here in the chase, not like a hound that hunts, but one that fills up the cry"; II, 3, 356/357) und Othello macht eindrücklich deutlich, wie sehr er unter Desdemonas angeblicher Untreue leidet, wenn er sagt, er würde lieber als Kröte in einem dunklen Verlies hausen, als sie mit jemandem zu teilen (vgl. III, 3, 274–277).

Besonders beleidigend und herabwürdigend sind die rassistischen Tiermetaphern, die vor allem Iago verwendet, um Desdemona und Othellos sexuelle Beziehung zu beschreiben. Insgesamt wird gerade die triebhafte Sexualität mit der Tierwelt in Verbindung gebracht.

Othello bezeichnet Desdemona als einen verwilderten Falken („haggard"; III, 3, 264), sollte sich ihre Untreue herausstellen. Iago, der in dieser Hinsicht zu besonders drastischen Bildern neigt, prägt Othello mit seiner Beschreibung von Cassio und Desdemona als „as prime as goats, as hot as monkeys,/As salt as wolves" (III, 3, 409/410) so sehr, dass dieser an späterer Stelle bei einem seiner wütenden Ausbrüche wiederholt, "Goats and monkeys!" (IV, 1, 264).

Nicht nur durch Tier- und Naturmetaphern wird eine negative, unkontrollierbare Welt gezeigt. Ein weiteres sehr häufig auftretendes Bild ist das des **Gifts**. Iago vergleicht seinen teuflischen Plan, Othellos Eifersucht anzufachen, damit, ihm ein Gift zu verabreichen (vgl. II, 3, 349), und stellt erfreut fest,

The Moor already changes with my poison:/Dangerous conceits are in their natures poisons,/Which at the first are scarce found to distaste,/But with a little act upon the blood/Burn like the mines of sulphur: I did say so:/Look where he comes, not poppy, nor mandragora,/Nor all the drowsy syrups of the world,/Shall ever medicine thee to that sweet sleep/Which thou owedst yesterday. (III, 3, 330–338)

Eifersucht ist also nach Iagos Auffassung wie ein Gift, das Othellos Geist verpestet und das wie eine unheilbare Krankheit wirkt, gegen die keine Medizin Abhilfe schaffen kann.

Wenn weder Natur- noch Gift- oder Krankheitsmetaphern mehr ausreichen, wird eine monströse **Welt der Hölle und des Teufels** heraufbeschworen, um den ganzen Horror, den die Charaktere erleben und empfinden, auszudrücken. Die Eifersucht als „monster" (III, 3, 170; III, 4, 163) ist nur der erste Schritt auf dem Weg zu Othellos Untergang, der in der Ermordung seiner geliebten Ehefrau gipfelt. Nachdem er Desdemonas Unschuld erkannt hat, scheint ihm keine Strafe schlimm genug für sein schreckliches Vergehen. Er wünscht sich geradezu die Hölle auf Erden, als er ausruft, "Whip me, you devils,/[…], roast me in sulphur,/Wash me in steep-down gulfs of liquid fire" (V, 2, 278–281). Zudem wird Othello selbst von den anderen Charakteren immer wieder als gottloser Teufel bezeichnet (vgl. Kapitel 3, Absatz „Rassismus").

Symbolik

Das wichtigste Symbol in *Othello* ist Desdemonas
Taschentuch, ein weißes Seidentuch mit einge-
stickten Erdbeeren. Es symbolisiert Othellos
Liebe zu Desdemona und wird zum Beweis
für ihren vermeintlichen Ehebruch. Othello
erklärt Desdemona die Herkunft des Tuches und
warum es ihm so viel bedeutet. Eine ägyptische
Zauberin habe es einst seiner Mutter gegeben und ihr versichert,
solange sie das Tuch behalte, werde es sie reizvoll machen, falls
sie es jedoch verliere oder verschenke, würde sich ihr Mann mit
Abscheu von ihr wenden (vgl. III, 4, 57–70). Dieses Spitzentuch
war Othellos erstes Geschenk an Desdemona zum Zeichen seiner Liebe (vgl. III, 3, 443). Rein äußerlich scheint das Taschentuch mit seiner weißen Farbe Reinheit, Keuschheit und die un-
beschmutzte Liebesbeziehung und harmonische Ehe zwischen
Othello und Desdemona zu symbolisieren. Es ist denkbar, die
roten Erdbeeren als Zeichen für den Verlust der Jungfräulichkeit
und die somit beginnende Sexualität mit all ihren Gefahren und
Verführungen zu sehen, was seine Fehlinterpretation als Be-
weisstück für Desdemonas Ehebruch bereits andeutet. Auch
wenn das Taschentuch eigentlich nur ein Gegenstand ist, den
Desdemona, wie Iago zunächst noch behauptet, doch jedem geben kann, dem sie will ("She may, I think, bestow't on any
man"; IV, 1, 13), ist es für Othello sehr viel mehr. Ein Verlust
des Tuches kommt einem Verlust von Desdemonas Ehre gleich
("She is protectress of her honour too,/May she give that?"; IV,
1, 14/15). In seiner verwirrten Rede, kurz bevor er zusammen-
bricht, wiederholt Othello mehrmals das Wort „handkerchief"
in unmittelbarer Nähe zu „confess" oder „confessions" (IV, 1,
35–44). Dass Desdemona ihr Taschentuch nicht vorweisen
kann und er es bei Cassio gesehen hat, ist für Othello der deut-
lichste Beweis für die Affäre der beiden, den er bekommen kann.

Daneben hat das Lied vom Weiden-
baum („**willow song**"), das Desdemona
am Ende des vierten Aktes vorträgt
(vgl. IV, 3, 40–58), eine symbolische
Bedeutung. Es ist eine alte Ballade,
die Barbary, ein Mädchen im Dienst
von Desdemonas Mutter, einst sang
und kurz darauf starb. Das Lied, das
von einer betrogenen Ehefrau handelt, geht Desdemona am Abend vor
dem Zubettgehen nicht aus dem
Kopf. Im Zusammenhang des Dramas
deutet es auf die beiden großen Konflikte
der Handlung hin, nämlich Untreue und Tod. In ihrer Hilflosig-
keit und Verunsicherung nach Othellos grundlosen Vorwürfen
erinnert Desdemona sich an Barbarys Klage. Genau wie das
Dienstmädchen wird auch Desdemona bald sterben. Emilia
schließlich bringt den Tod ihrer Herrin erneut mit dem Lied und
der von Othello fälschlicherweise vermuteten Untreue Desdemonas in Zusammenhang, als sie, selbst im Sterben liegend,
singt, "Willow, willow, willow./Moor, she was chaste, she lov'd
thee, cruel Moor" (V, 2, 249/250).

5 Exam study

Im folgenden Kapitel werden drei der wichtigsten Szenen aus *Othello* ausführlich interpretiert. Zur gezielteren Vorbereitung auf mögliche Klausurlösungen sind diese Interpretationen auf Englisch verfasst und schwierige, für die Interpretationen wichtige Vokabeln werden in den *Language Support*-Kästen zu Beginn eines jeden Abschnitts erklärt.

Act I, Scene 3, 301–403: Iago's Strategy
Context: The end of the first act

Events: After Brabantio has failed in breaking Desdemona and Othello's marriage apart through the Duke's intervention and after the Duke has sent Othello on a military mission to Cyprus, Iago and Roderigo stay behind. Iago persuades Roderigo not to give up on trying to win Desdemona's heart and finally reveals his plan to destroy Othello.

Language support	
allegation	an accusation that has not been proved
ass	synonym for donkey
craving	a strong desire
elusive	hard to pin down
pathetic	weak, useless
scheming	clever in a negative, manipulative way
sinister	vicious, in a slightly scary way
to spur on	to encourage
unsuspecting	without knowledge that sth bad might happen
to woo sb into sth	to persuade sb to do sth

Interpretation – importance of the scene: The excerpt is the final part of the exposition, which fulfils the important roles of introducing the time and place of the action as well as the main characters and the basic conflict. We know that the action takes place at a time when Venice was a powerful republic with possessions throughout the Mediterranean; the journey to Cyprus has been announced and both Desdemona and Othello's love and Iago's hatred towards Othello have been shown.

The first part of the excerpt is the dialogue between Iago and Roderigo, spoken in prose, the language Iago usually employs to woo others into joining in with his plans. When Roderigo, who is shown as a slightly pathetic and foolish character, desperately announces that he wants to commit suicide by drowning himself because he cannot win Desdemona's heart, Iago reveals his conception of love as "a lust of the blood" (I, 3, 335), which can and must be controlled by a man's reason. In that context, he explains in his famous garden metaphor that to "be a man" (I, 3, 336), one has to control one's bodily cravings with one's mind:

> *'tis in ourselves, that we are thus, or thus: our bodies are gardens, to the which our wills are gardeners [. . .], the power, and corrigible authority [. . .] lies in our wills.* (I, 3, 320–327)

Iago thereby presents himself as a scheming and rational person, allegedly above all base passions. Especially in comparison to the completely lovesick Roderigo, he is shown as superior and cleverly manipulative: He intends to carry on exploiting Roderigo, who has given him money and jewels to win Desdemona's affection. Therefore, one of his elusive motives might be greed for money. To give Roderigo hope, Iago claims that Desdemona is only interested in Othello's body and "[w]hen she is sated [...], she will find the error of her choice" (I, 3, 350/351). In his racist presumption that "[t]hese Moors are changeable in their wills" (I, 3, 347), he furthermore doubts Othello's ability to be a loyal and consistent lover. Iago's powers of persuasion are successful, and Roderigo declares himself "chang'd" (I, 3, 379) and leaves in higher spirits to fulfil Iago's wishes and procure more money.

In the following soliloquy, which he delivers in measured blank verse, Iago shares his genuine thoughts with the audience and explains his evil plan. He despises Roderigo and exploits him to achieve his own goals. He explicitly states that he hates Othello (cf. I, 3, 385), but why exactly never becomes evident: Iago mentions the rumour that Othello has slept with his wife Emilia (cf. I, 3, 386–389), but it is clear that there is no evidence to support this allegation.

Here we also learn how much insight Iago has into the other characters, which makes his manipulations so successful. After many years of fighting together in numerous wars, he knows his general very well and wants to use Othello's unsuspecting trust in him to take revenge. Othello is furthermore described as having "a free and open nature [...],/That thinks men honest that but seem to be so" (I, 3, 398/399). Ironically, in the second verse of that characterisation, Iago is actually describing himself and his betrayal of Othello's confidence. Like an ass that "will [...] tenderly be led by the nose" (I, 3, 400), he predicts that Othello will be an easy prey to his scheming. In addition, Iago also recognises Cassio as the perfect victim to pass as Desdemona's secret lover because "[h]e has a person and a smooth dispose,/To be suspected, fram'd to make women false" (I, 3, 396/ 397).

By suggesting an affair between Cassio and Desdemona, Iago plans to destroy both Othello and his lieutenant, whose position he envies. All his alleged superiority over base passions does not seem to be true when it comes to envy. However, besides his alleged motives, which he further hints at in other scenes, it could also be possible that he is simply acting out of sheer viciousness. Iago is Shakespeare's personification of evil.

He is the sinister plotter who is spurred on by the delight which he draws from seeing beauty disfigured and noblesse disgraced. By the final rhyming couplet, "I ha't, it is engender'd; Hell and night/Must bring this monstrous birth to the world's light" (I, 3, 402/403), he stresses his own role as the one who pulls the strings and, like a producer, makes his own little drama – or to use Iago's own words, his "sport" (I, 3, 369) – unfold. At this point, the audience waits with horror and anticipation to see whether evil will win the upper hand and triumph in the end.

Act III, Scene 3, 91–486: The Temptation Scene

Context: The turning point in the middle of the play

Events: Iago has managed to get Cassio drunk and involved in a brawl with Roderigo and Montano. Disgusted by Cassio's unbecoming behaviour, Othello has removed him from his position as lieutenant. On Iago's advice, the despairing Cassio turns to Desdemona to regain Othello's favour and be reinstated. Iago uses one of these encounters, which he and Othello witness from afar, as the basis for sowing the seed of jealousy in Othello's mind. Through his clever manipulations, he manages to convince Othello more and more of his wife's affair with Cassio. Furthermore, Iago receives Desdemona's handkerchief from Emilia, which he will later use as proof of his allegations.

	Language support
to beat about the bush	to avoid talking about sth (dt.: um den heißen Brei herumreden)
deceitful	false, dishonest
to exact	to put into action
to feign	to pretend
inadvertently	without intention
insinuation	sth bad that is not expressed openly, only hinted at
misgiving	a negative opinion or feeling
to pester sb	to bother, to annoy sb
prank	trick
prowess	ability, skill
to soothe	to calm down
tangible	concrete, clear

Interpretation – importance of the scene: The third scene of Act Three is the longest scene in the play. It comprises almost 500 verses and, acted out on stage, usually lasts for more than half an hour. It is often referred to as the "temptation scene", because it is here that Iago sets his devilish plan in motion to make Othello believe his wife Desdemona is being unfaithful. Throughout the scene, Iago plays the devoted friend and trustworthy adviser of Othello, pretending to act in the best interests of his master, and thereby gradually manages to make Othello believe his lies.

Iago uses Cassio's hasty exit on Othello's return from an inspection tour to turn the conversation to Cassio. As if he did not already know, Iago asks whether Cassio knew that Othello wooed Desdemona's hand. When Othello assures that Cassio knew about the courtship, Iago frowns and responds that he had not been aware of this. Othello's curiosity is aroused and he wonders why Iago should ask (cf. III, 3, 95–101). Iago's skilful manipulation becomes evident in the way that he always pretends to hesitate and hold back information, which makes Othello even more curious to know the "monster in his thought,/Too hideous to be shown" (III, 3, 111/112). One of Iago's techniques to feign hesitation is his constant repetition of Othello's lines as if to delay his own answers (cf. III, 3, 105–110).

This part of the exchange between the two characters centres around the two words "think" and "honest". On more than one occasion, Iago stresses that he thinks Cassio honest (cf. III, 3, 129; III, 3, 133), but his beating about the bush and alleged knowledge of more than he openly tells make these protestations of Cassio's honesty seem exaggerated and suspicious. Othello astutely remarks about Iago's reluctance to speak that "such things in a false disloyal knave/Are tricks of custom; but in a man that's just,/They are close denotements [...]" (III, 3,

125–127), the only problem being that he sees Iago as "full of love and honesty" (III, 3, 122) and not as the "false disloyal knave" he truly is. Interestingly enough, Iago himself admits that he is excessively jealous and therefore seems to disqualify his own observations:

> *Though I perchance am vicious in my guess,/(As I confess it is my nature's plague/To spy into abuses, and oft my jealousy/Shapes faults that are not) I entreat you then,/From one that so imperfectly conjects,/You'd take no notice, nor build yourself a trouble/Out of my scattering and unsure observance*
> (III, 3, 149–155).

These words might be one of the truest descriptions of Iago's character throughout the whole play, but in his skilful rhetoric, Iago manages to make them sound like a mere example of his modesty and honesty and therefore his allegations seem all the more likely. By alluding to the importance of "[g]ood name" (III, 3, 159) and by directly warning Othello of "jealousy; [...] the green-ey'd monster" (III, 3, 169/170), he cleverly prepares the ground for his following insinuations of adultery.

At first, Othello affirms that he is free of jealousy and states his self-assurance because Desdemona chose him with open eyes ("For she had eyes, and chose me"; III, 3, 193). Iago, however, does not give up: While continuously asserting "the love and duty" (III, 3, 198) which he owes Othello, he talks about the deceitful pranks of Venetian women (cf. III, 3, 205–208) and reminds Othello that Desdemona cunningly deceived her father regarding their relationship and could therefore be dishonest again (cf. III, 3, 210–215). While Othello still professes "I do not think but Desdemona's honest" (III, 3, 229), it almost seems as though he needs to convince himself, because the seed of doubt has been planted. This can also be concluded from his mounting self-doubts when he starts to see his marriage to Desdemona as "nature erring from itself" (III, 3, 231), thereby inadvertently repeating society's racist misgivings.

Iago's main strategy of seemingly restraining his own thoughts, but feeling obliged to utter them after all becomes apparent again when he prepares to leave the stage (cf. III, 3, 245) only to come back and add almost as an afterthought that if Desdemona continues to plead for Cassio's cause, this can be interpreted as a sign of her infidelity (cf. III, 3, 250–256). This is a very clever move because Iago knows that Cassio will keep on pestering Desdemona, acting on Iago's own advice.

In the soliloquy after Iago's departure, Othello plays with the idea of what he would do should he have proof of Desdemona's unfaithfulness. He admits that Desdemona might have cheated on him, because of his being black, his lack of eloquence and his age (cf. III, 3, 267–270). Othello's formerly expressed self-assurance seems to be shaken and the first cracks appear in the relationship between the two lovers.

Verses 283 to 334 can be seen as an interlude because Iago's tempting is interrupted by the appearance of Desdemona and Emilia. The loss of Desdemona's handkerchief, which Emilia finds and gives to her husband, will be of great significance later on, as Iago intends to use it as proof of the affair between Cassio and Desdemona.

When Othello and Iago resume their conversation after the women have left the stage, it becomes clear that Iago's "poison" (III, 3, 330) is already having an effect. Othello is now clearly in doubt and is suffering hugely. He describes himself as "set [...] on the rack" (III, 3, 341) and knows that his peace of mind will be gone until he has "ocular proof" (III, 3, 366). In his "farewell" speech (cf. III, 3, 353–363), Othello's confused identity as a soldier on the one hand and a lover on the other becomes evident, because he bemoans the fact that he has lost all his self-assurance, which in his case is closely bound to his prowess as a soldier.

Furthermore, Othello is now completely in Iago's hands. Although he threatens his ancient if he does not procure the "ocular proof" (III, 3, 366), he calls him back when Iago once more makes to leave the stage. His intended departure is announced by the rhyming couplet "I thank you for this profit, and from hence/I'll love no friend, since love breeds such offence" (III, 3, 385/386), to which Othello answers, "Nay, stay, thou shouldst be honest" (III, 3, 387).

Iago, however, only worsens Othello's state of mind by provoking him through the use of clearly obscene and vulgar words as well as comparisons in connection with Desdemona and Cassio ("topp'd"; III, 3, 402; "bolster"; III, 3, 405; "as prime as goats, as hot as monkeys,/As salt as wolves, in pride"; III, 3, 409/410). Afterwards, he reluctantly, in his own words only "[p]rick'd to't by foolish honesty and love" (III, 3, 418), reveals the first two pieces of evidence he allegedly has of the adulterous affair: He makes up the fact that Cassio has been talking about Desdemona in his sleep (cf. III, 3, 419–432) and even pretends to soothe Othello with the words "Nay, this was but his dream" (III, 3, 433). However, Othello is now in such a rage that he will accept anything as proof, even more so when Iago plays his ace and lies that he has seen Desdemona's handkerchief, the first gift Othello gave her as a sign of their love and faithfulness towards each other, in Cassio's possession (cf. III, 3, 441–446). The scene ends with Othello's terrible evocation of "revenge" (III, 3, 450) and "vengeance" (III, 3, 454) and his vow to exact this revenge, in which Iago joins him and is promoted to be Othello's lieutenant.

The whole scene is an impressive example of Shakespeare's use of dramatic irony: While the spectators know that Desdemona is innocent and Iago is a liar, they have to watch how

Othello, unsuspecting and blind, falls into the evil Iago's trap. The catastrophe becomes tangible and increasingly impossible to avoid.

Act V, Scene 2, 1–372: The Murder Scene

Context: The catastrophe, the final scene of the play

Events: Othello receives what he assumes to be the final proof of his wife's infidelity: Listening to Cassio's report on his relationship with Bianca, which Othello believes to be his confession of his affair with Desdemona, and seeing his wife's handkerchief in Cassio's possession, Othello is convinced that he must kill Desdemona. He strangles her in her bed despite her protestations of her truthfulness. Only when Emilia finds the dead Desdemona and reveals Iago's evil deeds, for which she is also killed by her husband, does Othello realise his error. Full of remorse and sorrow, he commits suicide. Iago is taken captive and Lodovico ends the play by leaving him in Montano's responsibility, transferring Othello's command to Cassio and returning from Cyprus to Venice.

	Language support
consolation	comfort, sth that helps sb to feel less sad
to defy sb / sth	to refuse to obey sb / sth
to disclose sth	to reveal sth that has been hidden or secret
level-headed	sensible, reasonable, not easily angered
to marvel at sth	to admire sth
to overwhelm sb	to be too much for sb emotionally
remorse	a strong feeling of being sorry
to smother sb	to kill sb by covering their face and making it impossible for them to breathe
solemn	serious and measured (dt.: feierlich)
(to reveal one's) true colours	(to reveal one's) true character
valour	skill, power

Interpretation – importance of the scene: The second scene from Act Five is the final scene in *Othello* and here the catastrophe truly unfolds:

Both Desdemona and Emilia are killed by their own husbands and Othello finally commits suicide when Iago's plot is disclosed and his wrong judgement of Desdemona overwhelms him.

At the beginning of the scene, however, Othello is still convinced that he is a murderer on "just grounds" (V, 2, 139) who will act honourably in killing his cheating wife. He repeats the word "cause"

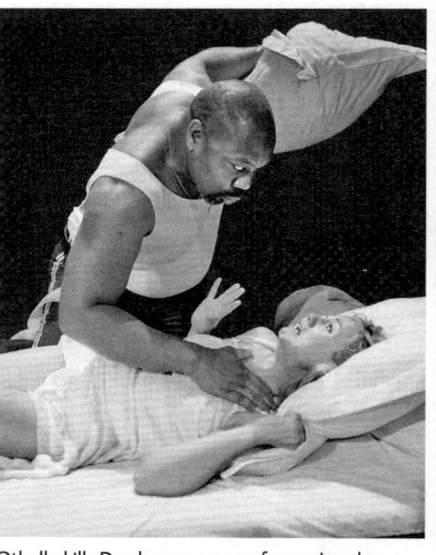

Othello kills Desdemona; scene from a London theatre production

three times (V, 2, 1–3) and thereby justifies his criminal act, which he does not even perceive as "murder", but rather as "a sacrifice" (V, 2, 66). That he chooses this word also illustrates the fact that it is not easy for Othello to kill his sleeping wife, at whose beauty he marvels immediately before killing her ("I'll not shed her blood,/Nor scar that whiter skin of hers than snow,/And smooth, as monumental alabaster"; V, 2, 3–5). The finality of death is furthermore stressed by different images, and foreshadows Othello's realisation of his wrong judgement that will come too late. He compares killing Desdemona to putting out the light, but while the light of a candle can be relit, he describes, "Should I repent me; […] once put out thine,/[…]/I know not where is that Promethean heat/ That can thy light re-lume" (V, 2, 10–13) and furthermore uses the metaphor of a "pluck'd [...] rose" (V, 2, 13) that will never grow again.

When Desdemona awakes and sees Othello standing over her, the scene becomes more and more dramatic. She immediately sees that Othello, who is normally a calm and level-headed man, has been gripped by "[s]ome bloody passion" (V, 2, 44). When Othello talks about killing her, she begins to be really frightened. In the final moments of her life, Desdemona's mounting desperation is shown by her pleas for her life, for one last night and eventually for a final half-hour (cf. V, 2, 79–83), but despite her continuous assertions of faithfulness, Othello smothers his wife. The horror of this act, including to Othello himself, is underlined by his use of cosmic images that stress the fact that his whole world has come apart through his wife's alleged adultery and the fact that he has killed her,

> *My wife, my wife, my wife; I ha' no wife;/O, insupportable! O heavy hour!/Methinks it should be now a huge eclipse/Of sun and moon, and that the affrighted globe/Should yawn at alteration.* (V, 2, 98–102)

Desdemona's suffering is especially painful to the spectators because they know of her innocence and, as she herself says, her only sins are the "loves I bear to you" (V, 2, 40). Her very last act is to acquit Othello of guilt when she assures Emilia, who discovered her dying mistress, that she killed herself (cf. V, 2, 125). She would rather suffer the shame of having committed this mortal sin than having her beloved Othello punished for it.

Emilia, however, is beside herself with grief for her mistress and with rage towards Othello. She uses the striking contrast "O, the more angel she,/And you the blacker devil!" (V, 2, 131/ 132) to underline the fact that she blames Othello. She continues to stand up courageously not only to Othello, but also to her own husband, Iago, for the detection of whose evil acts she is central. Therefore, her performance not only opens Othello's eyes, but also throws a new light on the role of women. She is so outraged that she defies any commands from Othello and Iago to keep quiet ("Peace, you were best"; V, 2, 162; "go to, charm your tongue"; V, 2, 184; "hold your peace"; V, 2, 219; "get you home"; V, 2, 195; V, 2, 224). At a time when women were supposed to be obedient to men in general and to their husbands in particular, Emilia's brave commitment to Desdemona is all the more remarkable. She herself alludes to this fact by stating, "'Tis proper I obey him, but not now" (V, 2, 197). She pays dearly for her outspokenness, because after revealing Iago's true colours, she is stabbed by her own husband and her dying wish is to be buried next to Desdemona (cf. V, 2, 238). In her last lines, she repeats some words from the "willow song" (cf. V, 2, 249), which she and Desdemona sang in Act Four (cf. IV, 3, 40–58) and which symbolises the main themes of infidelity and death.

With her frank words, Emilia shatters Othello's trust in "honest, honest Iago" (V, 2, 155) and makes him see reality. His blind trust first turns to hate and aggression. He attacks Iago and confronts Gratiano, who wants to prevent him from pursuing the escaping Iago.

The speed and tension of the final scene are also mirrored in Shakespeare's use of verse. There are many instances where one pentameter of his blank verse is distributed among several characters. An especially striking example of this is verse 224, which combines three different speakers: Iago, Emilia and Gratiano.

In the end, however, the scene is characterised not so much by its fast action, but by resignation and sorrow. On the one hand, Othello's two final soliloquies reveal him to be restored to his solemn manner of speaking and therefore his nobility. As is typical of Othello, he needs to refer to his soldierly valour in order to assert that position of grandeur (cf. V, 2, 262–265). Even immediately before he kills himself with his sword, he makes reference to a situation in which he has "done the state some service" (V, 2, 340) by killing "a turban'd Turk [...] And smote him thus" (V, 2, 354–357). On the other hand, however, he expresses his helplessness, his remorse and his willingness to pay for his crime. He knows he can go nowhere and his life is about to end. Asking the bystanders – and himself – "Who can control his fate?" (V, 2, 266), he shows that, to a certain extent, he sees himself as a victim. Similarly, he talks of Desdemona as an "ill-starr'd wench" (V, 2, 273), as if some higher power were responsible for her fate.

However, the excerpt from the scene proves that, in contrast to the deceiving coward Iago, whose last line is his refusal to make a statement regarding his deeds (cf. V, 2, 304/305), Othello does not want to run away from his responsibility. He is prepared to face the consequences, which, he is sure, will mean eternal damnation. He even welcomes this expected hell because he feels that he deserves it,

Whip me, you devils,/From the possession of this heavenly sight,/Blow me about in winds, roast me in sulphur,/Wash me in steep-down gulfs of liquid fire!/O Desdemona, Desdemona dead,/Oh, oh, oh. (V, 2, 278–283)

Othello's very last lines reveal that he is after all intended to be a tragic character when he exclaims, "I kiss'd thee ere I kill'd thee, no way but this,/Killing myself, to die upon a kiss" (V, 2, 359/360), and sinks down on the bed to die next to Desdemona. Lodovico's closing statement, "Myself will straight aboard, and to the state/This heavy act with heavy heart relate" (V, 2, 371/372), with its repetition of the word "heavy", manifests the tragedy of the play and leaves the spectators shocked and without any real consolation.

Rezeptionsgeschichte

Jedes Jahr stehen Shakespeare-Dramen in der Liste der weltweit am häufigsten gespielten Bühnenwerke mit an der Spitze. Bereits zu seinen Lebzeiten war Shakespeare der Star unter den Londoner Stückeschreibern. Schon sieben Jahre nach Shakespeares Tod pries sein Zeitgenosse Ben Jonson (1572–1637) den Dichter als „Sweet Swan of Avon" und verfasste für die erste Gesamtausgabe von Shakespeares Werken, die „First Folio"-Ausgabe von 1623, das Lobgedicht „To the memory of my beloved master William Shakespeare, and what he hath left us", in dem er unter anderem schrieb:

Triumph, my Britain, thou hast one to show
To whom all Scenes of Europe homage owe.
He was not of an age, but for all time![10]

Shakespeare war so erfolgreich, weil er seinem Publikum im Globe Theatre eine attraktive Mischung bot: eine packende Geschichte für die „groundlings", gekoppelt mit der tiefsinnigen Erörterung allgemeingültiger Probleme für die Gebildeteren. Diese Einheit sichert seinen Stücken bis heute ihren unverminderten Erfolg. In *Othello* steht ein individuelles und damit oftmals als besonders ergreifend empfundenes Schicksal im Mittelpunkt. Fast hundert Jahre nach der „First Folio"-Ausgabe fasste William Hazlitt 1817 seine Betroffenheit über den Untergang des Liebespaares so zusammen:

It excites our sympathy in an extraordinary degree. The moral it conveys has a closer application to the concerns of human life than that of any other of Shakespear's (sic!) plays. It comes directly home to the bosoms and business of men. [...] Othello is at once equally profound and affecting.[11]

In Deutschland erreichte die Wertschätzung Shakespeares vor allem in der Zeit des Sturm und Drang geradezu religiöse Dimensionen. Sowohl Lessing als auch die jungen Stürmer und Dränger um Herder und Goethe feierten die Urkraft des englischen Dichters. Damit machten sie Deutschland zum ersten Land auf dem Kontinent, das Shakespeare für sich entdeckte. In seiner berühmten Rede „Zum Schäkespears Tag", gehalten 1771 anlässlich einer Feier im Frankfurter Haus seines Vaters, erteilte der junge Goethe dem „regelmäßigen Theater" der Franzosen eine Absage und bewunderte in Shakespeares „schönem Raritätenkasten" die „kolossalische Größe" der Gestalten. Zur Zeit der Klassik wurde Shakespeare gar als dritter deutscher Klassiker neben Goethe und Schiller betrachtet und selbst die Nationalsozialisten versuchten, über seinen Status als „Feind-Schriftsteller" hinwegzusehen und ihn als „nordischen" Dichter für sich zu beanspruchen. Neben einigen anderen seiner Werke wurde *Othello* jedoch 1941 verboten.

Das wirft wiederum die Frage auf, ob es sich bei *Othello* um ein rassistisches Drama handelt oder nicht. Dass die Nationalsozialisten einen „Mohren" nicht als edlen Charakter und guten Soldaten auftreten lassen wollten, spricht eher gegen den rassistischen Grundton der Vorlage, andererseits gelten die zahlreichen rassistischen Beleidigungen im Stück vielen im Bestreben nach politischer Korrektheit als zu anstößig. Auch die wechselvolle Geschichte, wie die Person Othellos in Szene gesetzt wurde, kann einen Einblick in diese Problematik vermitteln: Der erste Othello war Richard Burbage, der Starschauspieler in Shakespeares eigener Truppe. 200 Jahre lang wurde Othello ausschließlich von weißen Darstellern verkörpert, die oftmals durch das heute umstrittene „blackfacing" die ethnischen Unterschiede zwischen Othello und den anderen Charakteren hervorhoben. Erst 1825 in London trat Ira Aldrige als erster Afroamerikaner in der Rolle auf, wurde jedoch mit gemischten Reaktionen aufgenommen. So schrieb 1833 ein Kritiker, es sei kaum zu ertragen, wie Desdemona auf der Bühne von einem schwarzen Mann „betatscht" würde, während andere ihn als den besten Othello priesen, den sie je gesehen hätten. In Amerika dauerte es sogar bis 1943, ehe auf einer der großen Bühnen ein farbiger Schauspieler, Paul Robeson, als Othello auftreten durfte. In den von der Rassentrennung geprägten Jahren sorgte es für einen Skandal, dass ein Schwarzer auf der Bühne eine weiße Frau küsste. Dennoch wurde die Produktion eine der erfolgreichsten, die jemals am New Yorker Broadway stattfanden. In der Realität jedoch herrschte unverändert die Segregation: Paul Robeson durfte beispielsweise nicht einmal mit dem Rest der Kompanie im Sardi's, einem Restaurant in der Nähe des Theaters, gemeinsam essen.

Eine moderne *Othello*-Inszenierung am Deutschen Theater Berlin

Von den mittlerweile zahlreichen Verfilmungen des *Othello*-Stoffes wurde die männliche Hauptrolle in den ersten Versionen ebenfalls von weißen Schauspielern in „Blackface" übernommen, so beispielsweise in Orson Welles' Produktion aus dem Jahr 1965 von Sir Lawrence Olivier. Erst die Filmadaption von 1995 ließ mit Laurence Fishburne einen dunkelhäutigen Othello auftreten. In den 1990er-Jahren begann dann die Ära des Experimentierens, in der man Stereotypen hinterfragte und aufzubrechen versuchte. So gibt es beispielsweise Theaterinszenierungen, in denen alle Charaktere schwarz sind, mit Ausnahme von Othello, der von einem weißen Schauspieler verkörpert wird.

Daneben machten vor allem filmische Adaptionen von sich reden, die den Stoff in ein moderneres Umfeld verlegten, so z. B. der Film O (2001), der an einer amerikanischen Highschool spielt, in der Konkurrenz auf dem Basketballfeld sowie rassistische Konflikte und die Beziehungen zwischen Teenagern eine Rolle spielen.

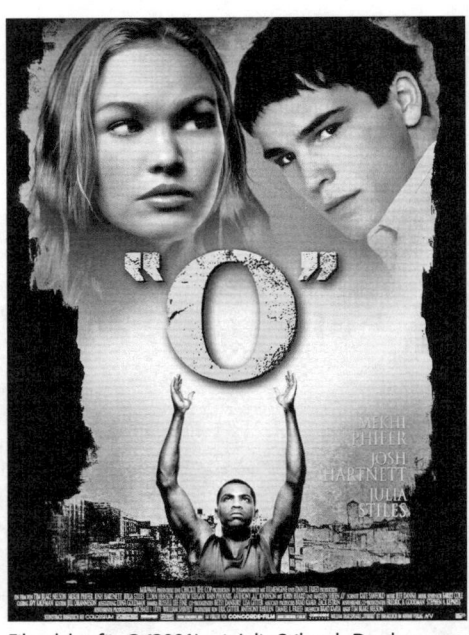

Filmplakat für O (2001) mit Julia Stiles als Desdemona, Josh Hartnett als Iago und Mekhi Phifer als Othello

Die Beliebtheit des Stoffes zeigt sich auch an zahlreichen weiteren künstlerischen Adaptionen. So wurden beispielsweise mehrere Opern, u. a. von Rossini und Verdi, oder Ballettchoreografien, u. a. von John Neumeier, basierend auf der Vorlage von Othello geschaffen.

Literaturhinweise

Primärtext

SHAKESPEARE, WILLIAM: *Othello*. Fremdsprachentexte.
  Herausgegeben von Dieter Hamblock. Stuttgart:
  Reclam, 2013.
  (Alle Textzitate in diesem Band beziehen sich auf diese
  Ausgabe.)

Sekundärliteratur

BRADLEY, ANDREW CECIL: *Shakespearean Tragedy: Lectures on*
  Hamlet, Othello, King Lear, Macbeth. 2nd edition. London:
  1905.

GÜNTHER, FRANK: *Unser Shakespeare: Einblicke in Shakespeares*
  fremd-verwandte Zeiten. Stuttgart: 2014.

KERMODE, FRANK: *Shakespeare's Language*. New York: 2000.

MACGREGOR, NEIL: *Shakespeare's Restless World: An Unexpected*
  History in Twenty Objects. London: 2012.

SUERBAUM, ULRICH: *Der Shakespeare-Führer*. 3. Auflage.
  Stuttgart: Reclam, 2015.

WEIß, WOLFGANG: *Das Drama der Shakespeare-Zeit*. Stuttgart:
  1979. (https://epub.ub.uni-muenchen.de/
  5212/1/Weiss_5212.pdf) (letzter Zugriff: April 2017)

Anmerkungen

1   Alle Textverweise sind nach dem Muster „Akt, Szene, Verszeile" (z. B. Akt II, Szene 1, Zeile 1) gestaltet und beziehen sich auf die folgende Ausgabe: Shakespeare, William: *Othello*. Fremdsprachentexte. Herausgegeben von Dieter Hamblock. Stuttgart: Reclam, 2013.

2   Der Film *Stage Beauty* (2004) gibt eine anschauliche Darstellung dieser Situation.

3   cf. http://www.webpages.uidaho.edu/~sflores/OthelloDW.htm (letzter Zugriff: April 2017)

4   Fiedler, Cornelia: „Kriegsgeprägt". In: *Süddeutsche Zeitung*, 28. 01. 2014.

5   Bradley, Andrew Cecil: *Shakespearean Tragedy: Lectures on Hamlet, Othello, King Lear, Macbeth*. 2nd edition. London: Macmillan, 1905.

6   von Wilpert, Gero: *Sachwörterbuch der Literatur*. Stuttgart: Alfred Kröner Verlag, 1964.

7   Lessing, G. E.: *Hamburgische Dramaturgie* (1767–1769).

8   In Aldous Huxleys dystopischem Roman *Brave New World* (1932) wird *Othello* als das leidenschaftliche Drama schlechthin einer technisierten und zwar perfekten, aber völlig gefühlskalten und gleichgeschalteten Gesellschaft gegenübergestellt.

9   Zitat aus Leo Africanus: *A Geographical History of Africa* (~1600).

10 zitiert nach:
    http://www.luminarium.org/sevenlit/jonson/
    benshake.htm (letzter Zugriff: April 2017)

11 zitiert nach:
    http://www.library.utoronto.ca/utel/criticism/
    hazlittw_charsp/charsp_ch4.html (letzter Zugriff:
    April 2017)

Ihre Anregungen sind uns wichtig!

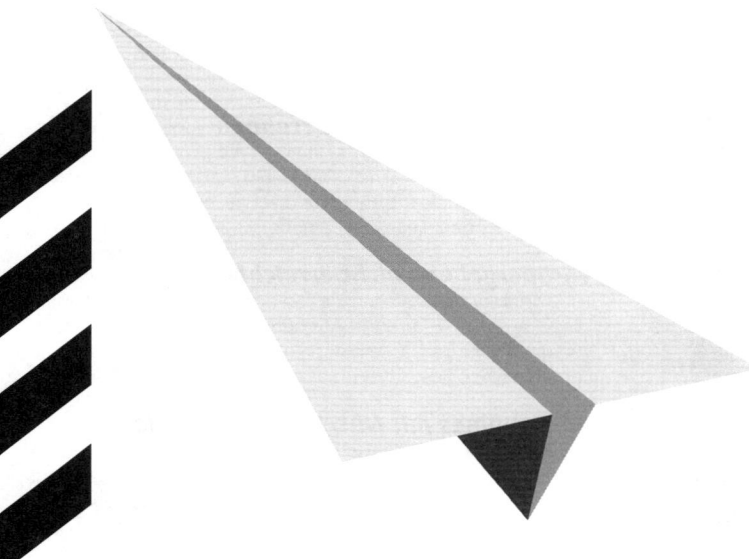

Liebe Kundin, lieber Kunde,

der STARK Verlag hat das Ziel, Sie effektiv beim Lernen zu unterstützen. In welchem Maße uns dies gelingt, wissen Sie am besten. Deshalb bitten wir Sie, uns Ihre Meinung zu den STARK-Produkten in dieser Umfrage mitzuteilen.

Unter *www.stark-verlag.de/ihremeinung* finden Sie ein Online-Formular. Einfach ausfüllen und Ihre Verbesserungsvorschläge an uns abschicken. Wir freuen uns auf Ihre Anregungen.

www.stark-verlag.de/ihremeinung

Richtig lernen, bessere Noten

7 Tipps wie's geht

1. ***15 Minuten geistige Aufwärmzeit*** Lernforscher haben beobachtet: Das Gehirn braucht ca. eine Viertelstunde, bis es voll leistungsfähig ist. Beginne daher mit den leichteren Aufgaben bzw. denen, die mehr Spaß machen.

2. ***Ähnliches voneinander trennen*** Ähnliche Lerninhalte, wie zum Beispiel Vokabeln, sollte man mit genügend zeitlichem Abstand zueinander lernen. Das Gehirn kann Informationen sonst nicht mehr klar trennen und verwechselt sie. Wissenschaftler nennen diese Erscheinung „Ähnlichkeitshemmung".

3. ***Vorübergehend nicht erreichbar*** Größter potenzieller Störfaktor beim Lernen: das Smartphone. Es blinkt, vibriert, klingelt – sprich: Es braucht Aufmerksamkeit. Wer sich nicht in Versuchung führen lassen möchte, schaltet das Handy beim Lernen einfach aus.

4. ***Angenehmes mit Nützlichem verbinden*** Wer englische bzw. amerikanische Serien oder Filme im Original-Ton anschaut, trainiert sein Hörverstehen und erweitert gleichzeitig seinen Wortschatz. Zusatztipp: Englische Untertitel helfen beim Verstehen.

5. ***In kleinen Portionen lernen*** Die Konzentrationsfähigkeit des Gehirns ist begrenzt. Kürzere Lerneinheiten von max. 30 Minuten sind ideal. Nach jeder Portion ist eine kleine Verdauungspause sinnvoll.

6. ***Fortschritte sichtbar machen*** Ein Lernplan mit mehreren Etappenzielen hilft dabei, Fortschritte und Erfolge auch optisch sichtbar zu machen. Kleine Belohnungen beim Erreichen eines Ziels motivieren zusätzlich.

7. ***Lernen ist Typsache*** Die einen lernen eher durch Zuhören, die anderen visuell, motorisch oder kommunikativ. Wer seinen Lerntyp kennt, kann das Lernen daran anpassen und erzielt so bessere Ergebnisse.